お金のトリセツ

お金持ち大全

中野 博 Hiroshi Nakano

未来生活研究所

一粒万倍
笑門来福
愛

旅、人、出会い
気づき、感謝
無形資産が
夢を作り 富となる
Consumer Technology Association
Celebra

夢を叶える七福神・中野　博

おめでとう㊗
この本を手にしたことで
あなたの未来が変わる！

もし、あなたが金持ちを望むなら、
金持ちになり、
人を救済できる！

もし、あなたが貧乏を望むなら、
貧乏になり、
人から救済される人生となる。

決めるのは「あなた」だ。

はじめに

「ねえ、お金ってなんで大切なの？」

もし、８歳の子どもに質問されたら、あなたはどう答えるだろう？　その子どもの未来のためにも、どう答えることが正解なのか。

自信を持って、ステキな答えを言えるだろうか。実は、**日本人の95％は「お金の本質」を知らない。**なぜなら、学校でも職場でも、お金の勉強を一切してこなかったからだ。

そんな大人は、社会でどんな立場になっていくのか？　あえてきつい言い方をすると、**一部の人間にコントロールされ、搾取されるだけ搾取され、一生お金持ちになれない道を辿る。**

典型的なのは、**サラリーマン**。彼らは「お金」を知っているつもりで、本質をまるで知らない。マイホーム主義者が多く、住宅ローンなどの負債をどんどん抱え、気苦労だけ増えていく。

気苦労のせいか、重苦しい顔をしているサラリーマンが多い。そこらを見渡せば、辛そうに仕事をしている人ばかりだ。その理由は、**お金に無知すぎるあまり、貧乏体質になっているからだ。**知らないうちに搾取され続けている（**本人は搾取されていることにすら気づいていない**）。

うまく一部の人間にコントロールされ、お金を搾取され続ける大人は、「お金ってなんで大切なの？」という子どもの問いに、多くはこう答えるだろう。

「お金はね、人が生活するために必要だから大切なんだよ」と。間違ってはいない。しかし、私に言わせれば、あまりにナンセンスだ。いいだろうか。お金はなぜ大切なのか？

それは、**【お金とは人類救済のための究極の装置】**だからだ。

私が子どもに答えを言うなら、こう返事をするだろう。「**お金はね、人を救う尊いものだから大切なんだよ**」と。

あなたはどうだろうか？　今、私が言った、お金の大切さの意味を理解してくれるだろうか？　おそらく、まだモヤモヤしている人も多いだろう。でも、大丈夫。本書を読めば、そのモヤモヤは一気に解消される。

あなたはきっと、お金の勉強をして、今よりお金持ちになりたいという願望があって、この本を手にしてくれたはずだ。それは、本当にラッキーだ。本書にはお金持ちになるための重要なマインドと、お金にまつわる知恵がふんだんに詰まっている。

「お金ってなぜ大切なの？」この問いを冒頭でわざわざ出したのは、**あなたの頭の思考回路を大きく変えてほしいからだ。**

お金持ち（本書では資産一億円以上の人と定義）は、実は一般人とは頭の思考回路が大きく違う。「**お金持ち脳**」とでも言っておこうか。とにかく凡人とは考え方も違うし、お金に対しての知恵も深い。

もしあなたが、冒頭の問いに対して、「お金は人類救済のためにあるから大切だ」という答えに納得できるようになったら、お金持ちになるのは目前だと言っていい。

大丈夫。本書を読めば、必ずその境地まで辿り着けるだろう。本書では、学校や職場では絶対に学べない、「**お金の本質や役割**」「**お金の裏の仕事**」「**お金の賢い稼ぎ方**」「**お金の正しい守り方**」を、私が実践してきたことを含め全て教えている。

また、ジャーナリストの私だからこそ伝えられる、ちょっと危険なお金の話も、この際伝えておきたい。これからの時代（２０２４年から）、お金の概念そのものが変わる可能性が高い。なぜなら、**２０２４年からはグレートリセットが起きることが決まっているからだ**（2章で詳しく解説）。

どうお金と向き合っていくことが大切なのか？　どうお金と接していけば資産が増えるのか？　２０２４年からの正しい答えが本書には書かれている。ぜひ、あなたにも知ってほしい。

さあ、これから「資産一億円」を目指す旅に出よう。

中野　博

●目次

第1章

お金の役割りと機能

お金の正体

『お金とは何か？』

この抽象的な問いに対して、何を語れるだろうか？

9割の日本人は、毎日お金を使っているのに関わらず、お金の正体を知らない。今よりも収入を増やし、豊かな生活を手に入れたいならば、まずお金の正体を知ることが何より大切だ。

お金の増やし方については第3章から詳しく説明するが、まずはお金の基礎知識を頭に入れておこう。

「お金とは何なのか？」

「お金の役割とは何か？」

それを言語化して正しく理解することで、お金の性質が理解でき、お金持ちに近づく。まずは、お金の正体について話そう。

「お金の正体とは何か？」

それは、**【信用】**だ。「お金には価値がある」。

そう全国民が信用しているからこそ、お金というモノが成り立つ。

私は、お金の本質を説明するとき、よく例に出す話がある。それは、**日本橋三越の正面玄関の上に黄金に輝く像、ギリシャ神話に登場する商業の神様ヘルメス（マーキュリーとも呼ばれる）だ。**

ヘルメス像は左手にケーリュケイオンという杖を持っていて、両足首には翼がついている。ギリシャ神話によると、ヘルメスは自ら開発した琴を交換に出すことで牛を手に入れた。**交換という手段を用いて、欲しいものを手に入れたのだ。ここにお金の本質がある。**

そう、「交換」だ。お金のための価値基準となるものであり、極端な話、皆が共通して認めれば何でもお金になる。

物質的に見れば、お金なんてただの紙切れに過ぎないが、全ての人が認める「交換ツール」という重要な役割がある。1万円には1万円の価値、5千円には5千円の価値。そう、誰もが信用しているから、人はお金（紙幣や硬貨）と何か（商品やサービス）を交換する。

もし、人がお金（や硬貨）の価値を信じられなかったら、それは何の機能も持たない。

お金の働き（五つの働き）

次に知ってほしいのは、お金の役割だ。お金には五つの求められる働きがある。それは次の五つだ。

●交換のための価値基準になること
●誰もが欲しがる価値を持つこと
●価値の移動が容易であること
●価値を長く貯蔵できること
●取引の決済手段として使えること

「交換のための価値基準になること」「誰もが欲しがる価値を持つこと」は容易に想像がつくだろう。人々が共通して認めれば、何でも価値の基準になる。

そして、ソレをほしいと願う人が大勢いるから、お金は価値を持つ。

「価値の移動と貯蔵」については、はるか昔の太古の時代を想像してほしい。当時は、物々交換で生活をしていた。米が欲しいときは、麦と交換するといった感じだ。

その際、相手（貿易国）が遠い国だったら持ち運びは難しいだろう。穀物を保管しておくにもスペースがいるし、動物に食べられてしまう可能性もある。そこで発明されたのが、金貨や銀貨だった。小さく軽い金貨や銀貨は持ち運びが容易になる。動物に食べられる心配もない。そして、取引の決済手段として使えれば、お金として成り立つ。

極端な話だが、この五項目を満たすものであれば、何でもお金として成り立つのだ。別に紙幣じゃなくたっていい。身近な例で言うと、キャッシュレス決済。ＩＣカードに入っているデータで買い物ができる。これは、誰もが交換としての価値を認め、欲しがり、移動も貯蓄もでき、決済に使える。だから紙幣の代わりとして使えるわけだ。

ここでも**「お金の本質は信頼である」**と言った意味がわかってもらえただろうか。

お金の本質は信頼である

お金は汚いもの？

あなたはお金について、どんなイメージを持っているだろう。まさかとは思うが、「お金はいやらしいもの」「**お金は汚いモノ**」、なんて思ってないだろうか？

残念なことに、世の中には【お金＝汚いモノ】という認識を持つ人がごまんといる。本当に悲しい。本章において大切なことなので、声を大きくして言おう。お金は汚いものというイメージを持っていたら、今すぐ捨てなさい（笑）。そして、こう認識を変えてほしい。

【お金は人類救済に必要な愛情であり、尊いものである】

大袈裟に聞こえるだろうか。しかし、全く大袈裟ではない。個人的にはむしろもっと称賛したいぐらいだ。「お金の話ばかりするな。意地汚い。いやらしい」。本書を読んでいる読者はきっとお金が大好きな人も多いだろうから、一度は周囲から言われた経験があるのではないか？　私も何度もある。

しかし、安心してほしい。**お金の話を貪欲《どんよく》にする人間だけが、お金持ちになる素質があるからだ。**

お金というものは不思議な生き物で、真剣に「欲しい欲しい」と願えば願うほど、あなたの元にやってくる（詳しくは第5章で）。**真剣にお金の話をしない人間の元には絶対にお金はやってこない。そのように仕組み化されている。**

あなたの周りにお金持ちはいるだろうか？　彼らはきっと、お金の嗅覚が人の何倍も鋭く、お金の話をどんどんしているはずだ。

なぜ、そこまで貪欲にお金を求めるのか？　それは、お金持ちは知っているからだ。「**お金は汚いものではなく、人を救う尊いもの**」だと。

私はお金は愛情だと思っている。例えば、若い10代の青年がいるとしよう。彼にはパイロットになりたいという大きな夢がある。しかし、パイロットの専門学校に通うお金がない。パイロットになる技術を磨くには若ければ若いほどいい（動体視力や反射神経の問題もあるため）。さて、もし、この青年と知り合いだったら、あなたならどうする？

仮に、青年に「これを学費の足しにしなさい」とお金を渡したとしよう。これがどれだけ彼を救うか、想像がつくだろうか？

お金がなかったら、彼はパイロットの専門学校に通うためにバイトを懸命にするだろう。しかし、引きかえに若い貴重な時間をバイトで無駄にするわけだ。お金があれば今すぐ通えた学校を、バイトでお金を貯めてから通うことになる。空白の期間ができてしまうわけだ。この間に、パイロットになる条件がさらに厳しくなるかもしれない。それだけでなく、社会情勢の変化によっては、パイロットの道が閉ざされるかもしれない。

実はこの話、パイロットというのはわかりやすいたとえ話だが、似たようなことが社員の知人にあったそうだ。

ある社員は毎年、大学の後輩たちの就活の面倒を見ている。ある就活生はＣＡ（キャビンアテンダント）になりたかった。しかし、ＣＡは狭き門。普通に就活をしていてはダメだと思い、ＣＡになるための学校に通うために、人の何倍もバイトをしていたそう。しかし、バイトの疲労で肝心の選考はボロボロ。就活もろくにできていなかったらしい。そこで彼女は、一年浪人して第二新卒枠でCAを狙おうとした（専門学校に入るのもお金の溜まり具合のせいでだいぶ遅くなってしまった）。

ところが、社会が一変した。この話は、ちょうど2020年の4月の話。もうピンと来た人もいるだろう。そう、コロナの影響で、CAの採用が一切なくなったのだ。彼女は愕然とした。何のためにバイトを頑張ったのか。夢のために専門学校に通ったのか。就活浪人までしたのか。その意味が全部なくなってしまった。

その後、彼女はCAの道は諦め、別の仕事についたらしい。もし、彼女にお金があればどうなっていただろうか？　新卒で就活をしている頃から専門学校に通うこともできたし、バイトをしてヘロヘロになることなかっただろう。

そう、**お金があれば彼女のCAの夢を叶えられたかもしれない。**彼女を救えたかもしれないのだ。彼女にそっとお金を渡せる愛情深い人がいればの話だが。

少しはわかっていただけただろうか?

お金は愛情であり、人を救うということを。

今こそ、お金のリスキリングをせよ

実は、「**お金の価値観は15歳までで決まる**」と言われている。親がどうやってお金の教育をしてきたか？　それによって中学生までに価値観が決まってしまうのだ。

お金のことばかり考えていては汚い、卑しい。そう教え込まれれば、お金を稼ぐことに興味がなくなる。そして、**お金の勉強をしないのだから、一生搾取される側に回る。**この染みついたお金の価値観を変えるには、お金へのバイアス（思い込み）を外すことが重要だ。バイアスを外すには「教育」しかない。**お金の尊さとありがたさ、崇高さ。それらを教育として学び直すこと（リスキリング）が何より大切である。**

私たちには、**学校教育でお金の授業はなかった**。そのツケが今になって回ってきている。ほとんどの人が投資について詳しくない。「お金は貯めておくことが正解」だと間違った思い込みをして、たくさんのチャンスを逃している。まさに**機会損失**だ。

そういった人を少しでも少なくしようと、私は、【お金の学校】を２０２０年に開講した。もし、あなたがお金に対して負のイメージやマイナスな思考を少しでも持っていたら、ぜひ、「お金の学校」で学んでほしい。お金のイメージが根底からくつがえるだろう。

お金の教育はなぜ学校でされない？（GHQの功罪）

日本人は、お金持ちはイヤな奴が多いという認識を少なからず持っている。
それは、前述した通りだ。なぜ、こんなにも変な思考回路を持つ人が多いのか？
それは日本の教育そのものにある。

冷静に考えてみてほしい。お金持ちとはどんな人か？

簡単にいうと、成功者だ。ビジネスでも何でも、成功者こそが「金持ち」になる。戦前、アメリカはエネルギー溢れる日本人を恐れていた。成功者になって金持ちになれば、将来、日本が世界をリードするようになり、アメリカが日本に従うかたちになることを恐れていた。

だから戦後、**ＧＨＱは教育改革をした**のだ。教育改革の内容は多岐にわたるが、日本人のエネルギーを封じ込ませるために、「氣」という漢字を「気」にした（「米」にはエネルギーが外に出るという意味がある）。

そして、時間をかけながら、**思考力に乏《とぼ》しい頑張らない日本人を増やそうとした。その中で、「金持ちは卑屈《ひくつ》人間だ」という印象を日本人に植え付け、成功者を出さないようにしたのだ。**

この政策は見ての通りうまくいき、日本人は、「金持ちはいやな奴ら」だというレッテルを勝手に貼った。お金の教育が義務教育でないのも、全てアメリカの戦略だ。**お金の教育を正しくしてしまうと、「お金持ち＝正義」となってしまう。**実は、アメリカでは、お金に関する教育が徹底している。10代からお金に関する知識を大人顔負けに身につけている学生が多い。「お金持ちはかっこいい」という認識が芽生えているのだ。

ビジネスで活躍してお金持ちになる。そして、税金をたくさん払う。それこそが社会と人を救うということを若いうちから知っている。日本と真逆だ。もっと言うと、アメリカで学んでいる学生は税金についても詳しい。なぜなら、自分で確定申告をする習慣があるからだ。

日本人のサラリーマンは給与から（税金が）天引きされているため、**自分がいくら税金を払っているのかを把握していない人も多い。**あなたはどうだろうか？

本書はお金持ちになるための本なので、あまり際どい話は書かないが、税金やお金に無頓着な国民を増やせば増やすほど、日本政府にとっては都合がいい。そして、アメリカも儲かる仕組みになっている。

今でこそ、お金の本質や意味を教える本は増えてきたが、学校教育ではまだまだだ。これから先も当分ないだろう。だって、日本政府とアメリカにとって都合が悪いから。

お金の教育は、自分でするしかないのだ。そして、**お金持ちは偉大な人であるという認識を、日本人は今すぐ持つべきなのだ。**

お金の知識がない人は搾取される

断言する。これから、お金の知識がない人は搾取《さくしゅ》される側に回る。誰にかって？　それは国と大企業だ。お金の知識とは三つに区分される。

まずは、『お金を増やすための知識』。

次に、『お金を正しく使うための知識』。

最後は、『お金を守るための知識』だ。

この三つの知恵をきちんと理解しておかないと、あなたは絶対に搾取される側に回ってしまう。

またここでナイショの話をしよう。実は、お金の知識というのは、無駄に複雑にできている。いや、正確に言うと、あえて複雑な仕組みになっているのだ。**「難しそう」に感じると、人はそこから興味をなくす。**それが狙いのひとつだ。お金にうるさい人間が増えると、政治家も困ってしまうし、無駄があると指摘されれば公務員の仕事も減る（本当に滑稽な世の中だ）。

だからあえて小難しい話をして、お金の知識を入れさせないようにしているのだ。お金の知識を入れさえしなければ、節税対策をしないので、国も企業も儲かるからね。

でも、この状況を馬鹿正直に受け入れていては、あなたは決してお金持ちになれない。お金持ちになるためには、大きくお金を稼げばいいというわけではないのだ。これから詳しく話すが、節約できるところは節約する。出すところは出す。そうしたマインドと冷静な実行力があってこそ、お金持ちになる。

お金を「**増やし、使い、守る**」。この三つを正しく賢くできれば、あなたの一年後は、今と全然違う財務状況になっているはずだ。第3章から詳しく説明するが、その前に、この後に続く、第2章を読んでほしい。

お金持ちになるために必須な、「ある重要項目」について話す。少しドロドロした話にもなるが、これが世界の事実なので、目をそらさずに聞いてほしい。

第2章

フォロー・ザ・マネー（お金の流れを追え）

※この章の一部はフィクションとしてお読み下さい。

お金はどこに流れゆく？（誰が得をする？）

フォロー・ザ・マネーという言葉を聞いたことがあるだろうか？　**「お金の流れを追えば、真実が見える」**ということだ。ハリウッド映画でも「フォロー・ザ・マネー」とタイトルがついたものがあり、大ヒットした。さて、あなたがお金持ちになりたいならば、このフォロー・ザ・マネーを意識しなければならない。

私がこの言葉をはじめて聞いたのは、アメリカで経営学の勉強をしているときだった。まだ20代前半の頃だ。ビジネスはお金のやり取りで成り立つ。**お客がお金を払えば、どこが儲かるのか？**　それを細かく把握することで社会の縮図が見えてくると教わった。後述するがこの教えは、ビジネスだけでなく、私のジャーナリスト活動にも多く影響を与えてくれた。

お金の流れがきちんと理解できれば、カモにされることはまずない。第１章でも少し話したが、「世の中はお金の動き方」が複雑になるように仕組まれている。理由のひとつは、国民にお金の問題を面倒に感じさせるため。もうひとつは、裏で物事を操っている企業や組織にうまくお金が流れるようにしているためだ。コソコソと水面下でわかりにくいように。

新型コロナのワクチンについては、フォロー・ザ・マネーを考えるテーマとしてはもってこいだ。世界を牛耳る人たちの考えることはえげつなく、**新型のウイルスをつくり、恐怖と混乱をあおり、強制的にワクチンを接種させる。**これをずっと続ければ、一握りの人たちが**世界を支配する**ことができる。

こうした仕掛けをしてくる人たちって誰？　ということになる。こうした仕掛け人の一人が、ＸＸクフェラーだ。

実はクスリ産業を世界中に広めたのはロックＸＸＸＸ財団である。同財団は、もともとは石油産業で有名だが、この石油の消費を伸ばすために、つまり、**もっと儲けるためにと考えたのが「クスリ（薬）」だ。**

石油に含まれる成分を取り出して製造した**薬**を使って治療する。そんな化学薬品を作り出していったのがロックＸＸＸ財団。これによって**西洋の医学は「石油から作られた化学薬品で人間の治療を行う」という仕組み**になっていった。これが、日本では当たり前の医療システムになっている。

今の医療である、**人を薬漬けにする医療**のおおもとを作ったのがロックＸＸＸＸ財団。石油をもっと合理的に広げる方法はないかと、もっと多くの人を自分たちの顧客にする方法はないかと考えた。これが医療業界と製薬業界とのつながりへと発展していった。

ロックＸＸＸが裏からコントロールしている製薬会社の代表例がコロナワクチンの**「ファイＸＸ製薬」**。このファイＸＸ製薬の２０２１年の売上高は日本円で計算すると８兆９２５４億円（８１２億８８００万ドル）、前年比９５％増。この年は**コロナ特需**で売上高世界一の製薬メーカーになった。売上高世界一だ。つまり**コロナで恐怖を与えて、ワクチンを無理やり各国の政府に押し付けて、損害賠償請求や文句を言わせない契約をするという片務契約**をして世界一になったわけだ。

そして、ここからが一番大事なところなのでしっかり聞いてほしい。儲けている会社は悪い奴と簡単に終わる話ではない。**これらの支配している奴はいったいどんな牛耳り方をしているんだ？という思考が大事なのだ。**

ファイXX製薬を例にしよう。ファイXX製薬の第一位の大株主は「バンガードグループ」第二位は「ブラックロック」、第三位が「ステートストリート」。これらは世界的な投資会社で大きな影響力を持っている。こうした投資会社を操っているのは、「ロックXXXX財団」などのディープステートたち。つまり、世界的な投資会社を通じて支配する構図だ。**ワクチンが売れると、この大株主様たちにお金が流れ、儲かるわけだ。**

どうだろうか？　はじめて聞いた人は衝撃的な話題だったかもしれない。しかし、これは事実だ。だからこそ、私がジャーナリスト活動をする際に、何を最も重点的にみているのか？　というと、**お金の終着点**だ。

なるほど・・・
そういうことだったのか！

お金の終着点には何がある？

企業にお金が入る。すると、そのお金は最終的にどこに流れるのか？　知っているだろうか？　経営者ならわかるかと思うが、大金が最後に流れゆく先は株主やスポンサーだ。

株主やスポンサーは企業にお金を出す側なので、企業に対して強い権力を持っている。たとえば、テレビ局。ニュース番組でも、スポンサー企業の不利益になることは絶対に言わない。ワクチンの話題だってそう。製薬会社がスポンサーにいれば、偽の専門家を雇い、スポンサーの商品が売れるように専門家の言動をコントロールする。

ワクチンが売れるとワクチンの製造会社（ファイＸＸなど）にお金が入るが、

そのお金は、最後には株主に渡る。そう、大株主である「バンガードグループ」「ブラックロック」「ステートストリート」などだ。

そして、その3社などを裏で操るアメリカの裏の組織**ディープステイト**。最後にはそこに金が流れる。

彼ら（バンガードグループ、ブラックロック、ステートストリート）は数々の大企業の株主となっている。コカコーラ、ペプシなど、アメリカのほとんどの大企業の株主になっている。ワクチンが売れれば売れるほど、儲かる仕組みだ。そして、今まさに行われているロシア・ウクライナの争い。その軍事産業を扱う企業の筆頭株主も、全く同じ会社である。

私は、YouTubeで散々、ワクチンの危険性を発信してきた。ところが、動画を通算50回以上削除されたり、アカウントを通算20回停止されたりした。

それは、You Tubeを運営するグーグルの株主に、その3社（バンガードグループ、ブラックロック、ステートストリート）も入っているからだ。

これが「フォロー・ザ・マネー」。お金の終着点を追え！の意味である。

お金の行き着く先に、必ず黒幕がいる。そいつらが儲かるために、一般人や企業が世間から叩かれたり、理不尽な不利益を被ることがありうる。ジャーナリストは、その根源を突き止め、本当のことを伝えることが仕事だ。もちろん、あなたにはそんなことをしろとは言わない。かなり危険なことだし、たとえ知っても公共の場でいうことは絶対にしないでほしい。

ただ、あなたが周囲にカモにされないためにも、財産を守るためにも知っていてほしいのだ。お金には流れがあること、そして、その流れを紐解くことで、財産を失うリスクを軽減できるということを。

お金の流れを追えば、投資の世界でも稼ぐことが可能になる。ある商品やサービスが発売された。売れたお金は最終的にどこに行く？そう考えれば、株価の上がる企業も見抜きやすくなる。

私は、株でも38年以上負けたことがない。それは、ジャーナリストとして養ったフォロー・ザ・マネーの精神があるからだ。世の中をボーっと見てはいけない。**ひとつの事象やニュースを見て、「お金はどう流れているんだ？」と疑問に思う癖をつけよう。**スポンサーや株主の正体を知るだけでも、だいぶ、世の中の縮図は見えてくる。

お金の流れが見えれば世界が変わる

お金の流れを知れば、世の中の縮図が見えてくる。同時に世界の見え方も全く変わるはずだ。たとえば、平凡なニュースひとつでも目線が変わる。

「国会で法案が議決された」というニュースがあったとしよう。普段なら「へーそうなんだ」で終わるかもしれない。しかし、フォロー・ザ・マネーを頭に入れてみるとどうだろうか？

この法案ができたことによって、誰が得をするのか？

誰が儲かるのか？

というように、お金のたどり着く先を考えるようになる。「一番儲かる団体がこの法案を可決するように仕組んだのか？」「その儲けた団体から、官僚や政治家に金が流れるのか？」と穿《うが》った見方も出るだろう。そう、この発想がいいのだ。この発想こそがお金持ちになるために必須なのである。

他にも、日本国民全員が関係あるのに多くの人が無視している話題がある。２０２３年、アメリカの大手銀行がバタバタと倒産している。スイスのクレディスイス銀行も経営破綻に追い込まれた。日本の銀行じゃないから関係ないと思っているのだろうが、これは大間違い。実は、**あなたの大事な年金の運用先の一部が、これらの「潰れた銀行」だったと知っていただろうか？**

年金積立金の管理・運用を行う「年金積立金管理運用独立行政法人（ＧＰＩＦ）」は、アメリカで破綻したシリコンバレーバンクとシグネチャーバンクの関連株式や債券など２０２２年３月の時点で数百億円分を保有していたと分析されている。これが意味することは、私たちの年金の一部も消えたかもしれないということだ。

身近なネタで考えると、お金の流れを知らないというのは本当に怖いことだとわかるだろう。搾取されるというのも理解できたはずだ。

金の源泉を探せ

お金持ちになるためには、「お金の源泉」に敏感でなくてはならない。お金が一番集まるところに本当の情報というのは集まっているからだ。

ベテラン・ジャーナリストなのでわかるのだが、実は、**情報というのは、川下（一般人）に流れ着くときには、もう情報としての価値はほとんど持っていない。**お金を産む情報ではないのだ。ただ単に、事実を知らせるためか、人々を洗脳する内容かのどちらかだ。

では、**お金を産む本当の価値ある情報とは何か？**それは、情報の発信源の近く（川上）で囁《ささや》かれている情報だ。**情報というのは、多数の人に知られる前に知ってこそ価値がある。**「この情報が全国民に知られれば、どうなるのか？」それを予測して仮説を立て、利益が出るように実行する。価値ある情報とは、まだ川下に流れていない情報のことをいうのだ。

そして、川上で囁かれている情報は、一部の人間の間で共有されているケースが多い。彼らがお金をうまく稼げるように、都合よく加工して川下に流すことも往々にしてある。

私はジャーナリストなので、情報の裏の流れ方を重々知っている。だから、日本では「ある場所」によく出向く。それは、「**銀座**」だ。銀座は、**最先端の情報を持った人間が集まる地域だ。**企業や政府の秘密会議なんかも、銀座で開かれていることが多い。

もし、あなたが銀座の高級料亭に行ったとしよう。そうしたら、周りの人を注意してみてほしい。秘密の情報は、ほぼ個室で話されているが、たまにすごい人がカウンターでこっそりと、まだ川下に流れていない情報を話していることがある。私はそれを狙って、いくつかお店を選んで行っていることもある。

川上の情報を知ればお金のたどり着く先が見えてくる。川下で情報を得ているだけでは、たどり着けない世界だ。お金の流れが見えれば、世界が変わる。あなたも忘れずにいてほしい。

もしあなたが、真の情報を得て、ビジネスやお金についても学びたいなら、ぜひ、中野博の新チャンネル『銀座ＭＢＡ大学』を見て学んでほしい。

２０２４年の新貨幣発行で何が変わる？

２０２４年に紙幣が変わるのを知っているだろうか？　一万円札は福沢諭吉から、**渋沢栄一**に変わる。これは知っている人も多いだろう。

では、尋ねよう。

なぜ、紙幣が変わるのか？

いや、**紙幣を変えなければいけないのか？**

あなたはわかるだろうか。一般的には偽造防止や誰もが使いやすい紙幣を目指すためとされているが、それはあくまで一般人への説明のための表向きの話だ。本当の狙いは違う。

２０２４年に新紙幣を変える本当の目的は、アングラマネーを炙り出すためだ。アングラマネーとは、オモテの社会では出せない、いわば闇のお金。アングラマネーを一斉に封じて、世の中の浄化をすることが狙いなのだ。

ここまで読んでくれた読者にお礼として、ひとついいことを教えよう。**２０２４年には、預金封鎖が高い確率で起きる。**それは、**サイバーテロ**のような形でやってくる。おそらく、タイミング的には新紙幣の切り替えのタイミングあたりだ。アングラマネーを一時的に封鎖して、身動きを取れなくする。誰が仕掛けているのか？　それは、フォロー・ザ・マネーを読み解くしかないが、かなり高度なので素人にはまず無理だ。

ただ、起きることは知っておいてほしい。そのときだけは、ある程度、預金を事前に引き下ろして現金を持っていた方がいいだろう。

もっと預金封鎖の実態について知りたい人は、『時読み講座２０２３下半期版』を見てほしい。そこでかなり詳しく話している。

～十干十二支・ナインコードで読み解く～

2023年「成功の3条件」

【条件１】情報戦を制せ！
（フェイクニュースに騙されるな！）
【条件２】「一貫性」のある言動をせよ！
【条件３】遠方まで「縁」を伸ばせ！

重大告知

2023年下半期（8月3日）から！
グレートリセット前夜
に世界は入る！

2024年から始まる「６つのグレートリセット」

【１】政府のリセット
【２】金のリセット
【３】平和のリセット
【４】食のリセット
【５】人のリセット
【６】個人のグレートリセット

近未来に起こること、やるべきことズバリ解説!!
時読み講座 2023 年版
時読み講座 2023 下半期版
時読み講座 2024 年版

2024年に確実に起きるグレートリセット

２０２４年は、激動の一年になる。なぜなら、２０２４年にグレートリセットが起きることが決まっているからだ。グレートリセットとは、良い世界を作るために、**社会の仕組みを刷新**することをいう。

グレートリセットが注目されている理由としては、世界情勢の改善に取り組む国際機関である「世界経済フォーラム（ＷＥＦ）」が、２０２１年５月に開催したダボス会議のテーマとして設定したことからはじまった。（新型コロナウイルスの感染拡大により延期）誰もが今までに経験したことのない新型コロナウイルスの流行により、世界経済への影響が長引いたため、社会・経済システムを新しく構築しようとグレートリセットが話題になった。

このグレートリセット。実はそんな生やさしいものではない。社会を良くするためというのは建前で、**本当は、ディープステート側が金を儲けるために仕組んだ大規模な革命**である。彼らが大金を得るための仕組みが世界中で構築されていく。その入口がコロナ・パンデミックだ。

ここでも、フォロー・ザ・マネーをじっくり考えなくてはいけない。グレートリセットによって、誰に、どのぐらいの金額が、どうやって流れていくのか？規模が大きすぎるし、マスコミは絶対に裏側を言わないので情報は取りにくいのだが、意識ぐらいはしておいてほしい。

「政治のリセット」「金のリセット」。そして、「人のリセット」・・・。２０２４年は、信じられない「まさか！？」の出来事が連続して起きる。知りたくもない事実もあるだろう。しかし、知っておかないとあなたは情報弱者になり、財産を搾取される側に確実に回る。

そうならないためにも、あなたに学んでほしいのが、２０２３年11月23日（祝）に開催される、**【時読み講座２０２４】**だ。２０２４年に起きる出来事を、この日、全て話そう。私が世界の専門機関やジャーナリストから仕入れた裏の情報をここで教える。一般のマスコミは絶対に言わない、いわば闇の情報もある。聞くのも覚悟がいるが、知っておけば未来は明るい。毎年、大人気の講座で、**目玉の10大予想の的中率は94％を超える。**

経営者もサラリーマンも絶対に受講してほしい。この講座を受講すれば、２０２４年の未来は確実に明るいものになる。はじめての人はどんなものか恐る恐るかもしれない。けど、騙されたと思って受講してみてほしい。大丈夫、必ずあなたの糧になる内容だ。私を信じて、話を聞きに来てほしい。

もちろん会場参加やＺＯＯＭ参加でなくても、動画受講でもＯＫだ。ノーカット編集の動画なので、会場参加の方と同じ情報が動画受講でも手に入る。ＱＲコードで申込みして、２０２４年の生き方をしっかり学んでほしい。

時読み講座 ®2024
グレートリセットで変わる世界の時流と日本！
2024 年「甲辰（きのえたつ）」の年に起こることは何か？
「時読み ® 講座」で明らかに！
https://miraia.co.jp/page-6222/

第3章

お金持ちだけが持っているマインド

成金と金持ちの違いとは?

さて、第1章で「お金の本質」を学び、第2章では「お金の流れ」の秘密を知ったと思う。この章では、【お金持ちのマインド】について話していこう。ただ、その前にひとつ話しておかなければいけないことがある。それは、成金とお金持ちの違いだ。

少しお金が入るような生活を送ると、自分がお金持ちになった気になって慢心する人がいる。これは、収入に大きな変化があった、例えば収入が2倍ぐらいになった人によくある。慢心すると、お金持ちではなく、成金になってしまう。

成金とは何か? 中野式に簡単に言えば、お金の使い方を履き違えた残念な人だ。カッコ悪いので、今から言う条件に当てはまる人はすぐに行動をあらためてほしい。成金に多くみられる五つの特徴がある。

〈成金の特徴〉

「余計な出費が多い」

「見栄を張って買い物をする」

「ノリでお金使う」

「一度きりのことに多額の金を使う」

「すぐ人と比べ、嫉妬する」

あなたにも心当たりはないだろうか？　まあ、今までお金がない人が急にお金を手に入れたら、こんな行動をしがちになる気持ちもわかる。宝くじで、高額当選者が一夜にしてお金がなくなってしまうのも類似だ。けれども、資産一億円以上の本当のお金持ちになりたいなら、こんなバカなことは絶対にやってはいけない。

成金をじっくり見ればわかるだろうが、成金の特徴は、【未来を考えずに金を使う】点にある。この話は第４章の投資の概念でも話すが、**未来を考えずにお金を使うことは、お金持ちにとってはご法度だ。**高級なブランド品を買う、高級なお店に食事しにいく。一見、その場の快楽に使っているように見えるが、**未来への投資**としての出費とお金持ちは考える。

本当のお金持ちは心の余裕がある。お金の価値を理解しているので、散財はしないいし、ギャンブルもしない。宝くじも買わない。自分と他人を比べないし、無駄な外食も控えている。そして何より、**社会のための行動ができる。自分一人の私利私欲のためにお金を使わないのだ。**成金になってはいけない。

この章では、お金持ちのマインドについて、詳しく学んでいこう。

「お金がない」を口癖にするな

「お金がないな～」「金がないから、何にもできないよ」なんて言葉を口癖にしていないだろうか？　お金持ちになりたいなら、絶対に「お金がない」なんて言葉を発してはいけない。

言霊《ことだま》というのがある。言葉にしたことは現実になる力を秘めているのだ。あなたが「お金がない」を言い続けると、本当にその通りになってしまう可能性が高くなる。スピリチュアル的に思う人もいるだろうが、これは、お金持ち一千人をインタビューしてきた私が、断言できる大事なことだ。

でも、信じない人もいるだろうから、少し論理的に話そう。なぜ、「お金がない」を口癖にしてはいけないのか。それは、お金がないことを言い訳にする習慣が出来上がるからだ。この習慣というのが本当に怖い。私の前作（38冊目）「31日で金持ちになる魔法の習慣」でも書いているが、**人は習慣の奴隷だ。**習慣になってしまったことは、現実社会に大きな影響を及ぼす。

もし、「金がない」の口癖を習慣化してしまったら、お金がないことを言い訳にあなたは、自分自身の行動範囲を大きく縮めてしまう。「お金がないから仕方ないよね」と自分が怠けたり、行動しないことを正当化して、ダラダラした日常を送ることになる。

いいだろうか。ひとつ言おう。多くの**お金持ちは最初からお金持ちではない。**最初は誰だってお金がない貧乏人からスタートするのだ。そして、お金持ちになる人は、**お金がないことを言い訳にしない。お金がなければどうするか？を自分なりに考え、アクションしていく。**うまくいかなければ試行錯誤して改善する。これを繰り返している。**この思考と行動ができる一部の人だけが**

成功者となり、お金持ちになるのだ。

今、お金がないのは仕方がない。でも、一年後にお金持ちになっているためにはどうすればいいのか？　行動計画を立ててみてほしい。そして、これからあなたの口癖は次の言葉に変えよう。

「**俺は（私は）、お金持ちになる！**」。これでいい。私は、ずっと若い貧乏な時代も、こう言い聞かせてきた。やり続けるとマインドは変わるものだ。継続は力なり。心の中でもいい。一日に一回は言っておこう。

付き合う人を限定せよ

あなたは友人付き合いが多いだろうか？　高校、大学時代の友人、社会人になってからの飲み友。遊び仲間との飲み会を日々楽しんでいる人もいるだろう。

しかし、本気でお金持ちになりたいのなら、付き合う人は限定的にしたほうがいい。その理由は三つある。

一つ目は、会っても昔話や愚痴で終わってしまうから。学生時代の仲間と会うと、共有する話題は昔のことだ。昔話ばかりしてしまう。もしくは今の職場での愚痴を吐いて、傷を舐め合う。もはや、現実を逃避して快楽に走ることと同じで、昔のいい思い出に固執して先に進もうとしない人がすることだ。こんな飲み会は絶対に参加してはいけない。

二つ目は、単純にお金の無駄。**お金はあなたの未来を作るために使うものだ。**過去を無駄にほじくり返すために使うのではない。過去の思い出にお金を投資しても何もリターンもない。

そして、三つ目。飲み仲間との会話は「あなたの夢を壊す」ことがあるからだ。あなたに夢があって、その夢を飲み仲間に語ったとしよう。「え、それは無理っしょ」「もういい年なんだから現実を見ようよ」と言われたらどうだろうか？心が折れそうにならないだろうか。

人の夢を壊すことを言う人は、一生お金持ちになれない人だ。人には夢があって、その後にお金がついてくる。夢を壊してくる人にお金は絶対にやってこない。

さらには、夢を壊すだけでなく、愚痴を言ってマイナスなオーラを場に流す人もいる。こうした雰囲気の場所にいては、あなたの気は病んでしまう。貧乏思考は人にうつるのだ。

「誰かと飲み会はしたいよ。寂しいし・・・」と思っているあなた。安心してほしい。ぜひやってほしい飲み会もある。それは、同じ方向を見ている人同士での飲み会だ。

こんな夢がある。あんなことがしたい。少し言うのが恥ずかしいことでも絶対に否定しないで語り合える仲間との飲み会なら、定期的にやるべきだ。**夢は誰かに話して、肯定してもらえることで花開くからだ。**ビジネス関係で、進展がありそうな人ももちろん大丈夫だ。ただの飲み仲間とは、もう会わずに、あなたの未来につながる飲み会をしていこう。

もし、夢を語り合える仲間が欲しい場合には、私が主宰する『中野塾』に参加してほしい。

中野が講師で主催者なので、そこに集まる仲間たちも、夢を応援する人ばかりだ。この最高のメンバーを私は誇りにしている。

人生何歳まで生きるか？

「人生何歳まで生きるか？」あなたは真剣に考えたことはあるだろうか。私は、何歳まで生きるかを明確に決めている。108歳だ。

実は、お金を稼ぐことと、何歳まで生きるかを考えることは切っても切れない関係にある。なぜなら、お金は稼ぐだけじゃ意味がなく、使ってはじめてお金としての役割を果たすからだ。では、ここで問おう。

『あなたはなぜ、お金持ちになりたいのか？』

私の場合、私利私欲のためにお金が欲しいわけじゃない。**社会に旋風を巻き起こして、たくさんの夢を叶えながら、人々を救っていくために、頑張っ**

てお金を稼いでいる。

社会を変えるのには時間がかかる。だからこそ、私は１０８歳まで生きると決めて、何歳までに何を実現するという計画表を作っている。だいたい毎年、一月一日に計画を見つめ直す。一年の計は元旦にありとはこのことだ。

では、**私が１０８歳まで生きるとしたら、残された時間はどのぐらいだと思うだろうか？**　今、私は今年２０２３年7月で59歳になった。単純計算したら、49年あると思うだろう。しかし、残された時間の計算というのはそう単純じゃないのだ。

残りの人生時間を測る計算式があるので、ご紹介しよう。

【残り時間の計算式】

〈（生きたい年齢）−（現在の年齢）〉×365×24＝（出した数字）÷3

注意）「365」は一年の日数
「24」は一日の時間
「÷3の意味」（睡眠8時間、家事8時間、仕事8時間）

これが、残りの人生の計算式となる。

あなたは何時間あっただろうか？

自分が何歳まで生きるかの設定によるが、意外と少なく感じたかもしれない。しかし、現実として、あなたに残された「お金を使って夢を願望を叶えるための時間」は、今計算して出した時間しかないのだ。あなたのやりたいことをする時間は、ほぼ仕事の時間になる。睡眠と家事の時間を除くと、思った以上に時間はない。

そのことを踏まえて、人生のライフプランを決めていく必要がある。

ちなみに、**なぜ私は、生きる時間を108歳に設定しているのか？**

ピンとくる方もいるだろうが、**煩悩の数だ。**四苦八苦という言葉があるが、これは、「４×９（36）＋８×９（72）＝108」となることから由来している。

余談だが、大人の教養として覚えておくといい。

ここで、ひとつワークとして、あなたの人生の残りの時間を計算してみよう。

可視化して残り時間を見ることで、あなたにも危機感が生まれてくるはずだ。

成功者になってお金持ちになりたいなら、時間は有限で貴重な財産だ。

ここから逆算してライフプランを考えていく必要がある。

〈ワーク　あなたの人生の残り時間を計算しよう〉

残り時間の計算式

〈(生きたい年齢)－(現在の年齢)〉×　365 × 24 ＝ (出した数字) ÷ 3 ＝あなたの人生の残り時間

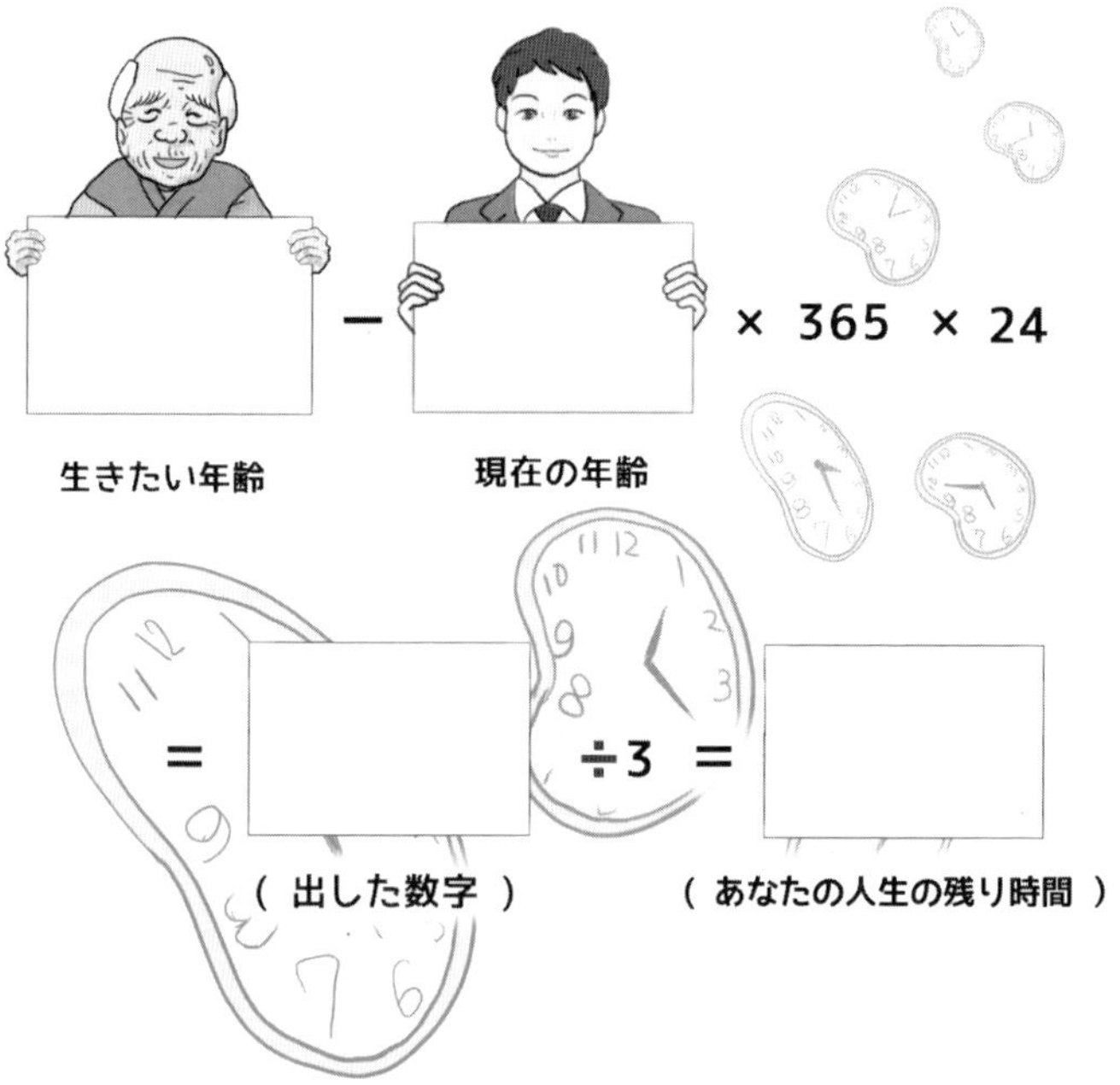

※ 注意「365」は一年の日数
「24 」は一日の時間
「÷ 3の意味」(睡眠8時間、家事8時間、仕事8時間)

お金は人生の無駄を減らす「時短装置」

あなたの「人生残り時間」を計算できただろうか？
そうしたら、次にやるべきことは、**残り時間を逆算してのライフプランの設計だ。**お金と時間は有限だ。使い方を間違えると、とりかえしがつかない。
ところで、先ほど、「お金がない」という口癖の話をしたが、もうひとつ、お金持ちが言ってはいけない言葉あるのを知っているだろうか？

それは、「時間がない」だ。

「時間がないからできなかったんだよね～」あなたも無意識レベルで使って

いないだろうか？

私はこの言葉も自分を甘やかす言葉として大嫌いなのだが、なぜここまで、時間がないと言い切る人が多いのか、疑問に思ったことがある。そして、「なぜか？」と調べてみると面白いことがわかった。

多くの人は「時間を買う」という習慣がなかったのだ。お金と時間はどっちが大事？　と聞かれたとしよう。あなたはどっちだろうか？　おそらく「お金の方が大事！」という人が多数派だろう。では、お金と答えた人に聞きたい。

「１００万円あげるから、あなたの寿命を一年ください」と私が言ったら、一年の寿命を私にくれるだろうか？　もちろん仮りにの話だ。おそらく、寿命を一年あげるのは誰でもためらうだろう。１千万円でも同様だ。

何が言いたいのかというと、人は**時間こそが本当は一番大切**であるということだ。お金は二の次だ。

そう考えれば、**時間をお金で買うことは素晴らしいことだ**と思わないだろうか？　たとえば、駅から家までの移動。歩いて20分かかるとしたら、歩く人がほとんどだろう。しかし、私は絶対にタクシーを使う。これは楽をしたいからではない。時間を買いたいからだ。20分あればYouTubeを一本アップすることができる。だったら、その時間を買おうというわけだ。

他にも、家事代行なんかもいい。「掃除や洗濯や自炊をする時間をもっと生産性のあることに使えないか。」お金持ちの思考回路はこうなっている。

自分の五感を使って新しい体験することは大切だ。しかし、日常の繰り返しの中で無駄な時間は極力お金で解決したほうが、その浮いた時間を使ってもっとお金を稼ぐ行いができる。普段会えない人と会うことだって可能だ。20分が10回重なると２００分になる。相当な時間だ。歩いて20分の距離ならタクシーで千円もいかないぐらいだろう。20分で千円以上の仕事をすればもう元は取れるし、レバレッジも効く。

お金はあなたの無駄な時間を短縮してくれる有能な装置だ。変なところでケチってはいけない。心の余裕もなくなる。最初は贅沢をしている気分にもなるかもしれないが、要は慣れだ。これも習慣化してしまえばいい。

いずれ、時短の驚くべき効果に気づくときが必ずくる。是非、やってみてほしい。

住宅ローンは組むな（借金は未来の時間を借りること）

お金持ちのマインドとは少し違う話になるが、お金持ちになるための心の余裕を生むためにも、大事な話をひとつしよう。今から話すことは、若いころ私もやってしまったことだ。日本人なら誰もが陥りやすい罠である。

もし、あなたがこれから家を建てるか賃貸にするかを悩んでいたら、ローンを組んでの戸建はおすすめしない。なぜなら、日本において住宅は負債でしかないからだ。

先ほど、時間の有限性の話を長々とした。あなたはお金持ちになるためにたくさんのアクションを起こさなければならない。それなのに、ローンという負債に縛られていてどうするのだろうか？

ローン、**つまり借金は、「未来の時間を借りている」ということ**に気づいただろうか？　お金ではない。あなたの有限で貴重な**未来の時間を借りている**のだ。

ローン完済のために20年〜30年、働く。好きでもない仕事や、たいして稼げない仕事でも「ローンのため」と言い聞かせ汗水垂らして働き続ける。アメリカのように、**家が購入時の金額と同じだけの資産になるのならまだいいが、日本の不動産の**性質上、年数が経てばどんどん**価値は下がる**。それなのに、毎月ローン返済のために働くのはどうだろうか？　家を建ててしまったら、自由に移動もしにくい。

実は20代後半のころ、私もローンを借りてマンションを買った。ローンを返すためにサラリーマンとして汗水垂らしながら、働き、なんとなく虚しさを感じていた。その虚しさを、ある大物の先生に話したことがある（これはたまたまの付き合いでご縁があったからだが）。

その方は、大前研一先生だ。私の尊敬する人の一人で、今でも、大前先生の本はよく読む。そんな先生から、「中野くん、それは君大失敗だね。ローンを組んで家は買っちゃいけないよ」と強い口調で言われたのを、今でも鮮明に覚えている。もう30年ほど前の話だ。

ローンは、あなたの未来の（自由な）時間を奪っている。その認識を持っていてほしい。だから、私は今も賃貸で住んでいる。**不動産も持ってはいるが、それは住むためでなく、貸すためのものだ。**

もし、あなたがこれからローンを組んで家を買うつもりなら、おすすめはしない。まあ、自己判断になるので強制はしないが、賃貸を選んで、あなたの**未来の自由時間をより増やした方が、お金持ちになる可能性はグッと近づく。**

自分一人の信用でお金を稼げる＝お金持ちになる素質

あなたがサラリーマンなら毎月決まった金額が給与として振り込まれているだろう。しかし、もしサラリーマンを卒業したら、今と同水準のお金を得られるだろうか？

私の経験上、最初はほとんどの人が稼ぐことはできない。なぜなら、圧倒的に**信頼の蓄積**がないからだ。

よくある話なのだが、「俺は、上場企業で部長だったから独立しても自信あるよ」「営業でナンバーワンの実績だったから、独立後も稼げる」と自信を見せる人がいる。私の友人でも多くいて、「それはすごい」とその場では言うが、内心は「何言ってるんだろう？」と呆れている。なぜなら、彼らは会社の信用を個人の信用と勘違いしているからだ。会社の看板にこそ信頼があって活躍できているのに、それを個人の力だと勘違いしている。

私は、大企業でのサラリーマンも経験してきたが、大企業ほど仕事が楽なものはない。名刺一枚見せれば、誰だって話を聞いてくれる。モノやサービスも簡単に買ってくれるのだから。「御社の製品なら安心だからね」と。

でも、独立したら話は違う。立ち上げたばかりの会社には実績も信頼もない。だから、会社を辞めた途端に仕事がなくなることが頻繁に起きるのだ。会社依存の信頼は、今すぐ捨てたほうがいい。あなた個人の信頼を築く努力をしよう。

お金持ちになるには、会社の信頼に依存してはならない。自分ブランドを

しっかり整えることが大切だ。具体的には、第4章のお金の稼ぎ方で説明しよう。

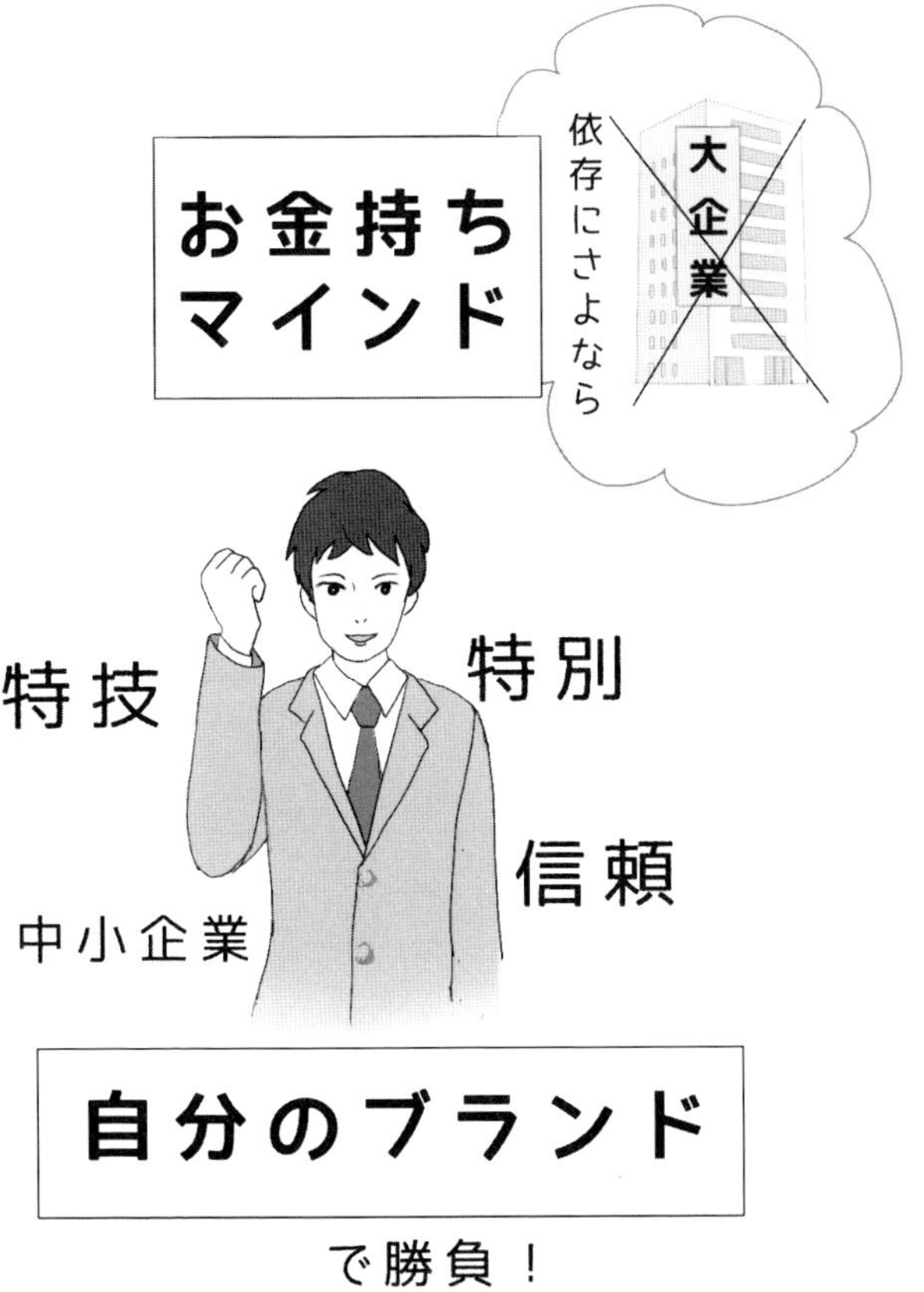

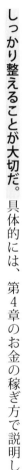

お金の使い方で人の器が測れる

人は「お金の使い方」に人格が出る。**いかにお金を稼いでも、使い方が悪ければ、その人の人生レベルは遥かに低い。**お金を使う際に覚えておいてほしいことがある。お金の「ある特別な性質」だ。

それは、お金を流しているところにお金がやってくるというもの。**投資家はなぜ、お金持ちなのか？**　答えは、**お金を流しているからだ。**お金を使っている人のところにしか、お金は決してやってこない。

あなたが毎月、コツコツとお金を銀行に預けているとしよう。そうなれば、所得の一部は毎月確かに貯まるが、複利で考えて、それ以上のお金は絶対にあなたの元にはやってこない。私は、「お金の学校」でも受講生に何度もお金の使い方について話す。「お金を稼ぐ手段は何でもいい。けれども、お金の使い方に気をつけろ。人としての器が試される」と。

あなたはお金を人のために使っているだろうか？ お金を人のために使うと、そこには「信」が生まれる。自分のためだけに使っていたり、**貯金をしていては絶対に「信」は生まれない。**信が生まれると、**「人の和」**ができる。そこにはお金が集まる。このサイクルをうまく利用しているのがお金持ち（富裕層）だ。

これを機会に、お金の使い方を今一度見直してみよう。お金を人に使うことで、お金はあなたを好きになる。人としての器も数倍デカくなるだろう。

情報弱者こそ真の貧乏人になる

現代において、**お金に対する知識がない人は「圧倒的な弱者」になる**と断言する。いや、こう言い換えよう。**お金の知識がない人は、ずっと搾取され続ける人間であり、貧乏人であり続けると。**

老後の２０００万円問題を発端として、サラリーとしての資産だけでは将来不安だと感じる人も多くなった。そこで、「投資」に目を向ける人が増えた。

投資に興味を持つのは正解だが、問題は知識が圧倒的に不足している状態で投資に挑むことだ。お金の知識もない。投資のノウハウやマインドも知らない。投資歴40年の私からすると、これでは投資は失敗する。プロの私でさえ、**知識のない領域の投資は絶対にしない。**なぜなら、プロの食い物にされるから。

フォロー・ザ・マネーの話にも通じるが、投資が活発になってきて儲かるのはどこなのか？を考えたことはあるだろうか。

それは、仲介している「証券会社」だ。正直なところ、証券会社は投資をしているあなたが儲かろうが儲からまいがどうだっていい。売りと買いをたくさんさせて、その都度、手数料をもらう。これが狙いだ。

私は、投資歴40年のベテランなので、そんな頻繁な売り買いはしない。証券会社も口出しをしてこないが、投資をはじめたばかりのアマチュアとなると話は別。知識不足をいいことに、買わなくていいもの、売らなくていいものをどんどん証券マンに教え込まれ、口車にのせられて売買してしまう。そして、搾取される。

これは、知識と投資家マインドが不足しているからに尽きる。知識やマインドがあれば、投資で搾取される側に回る可能性はグッと減る。

私は、投資の初心者向けに、【投資家の幼稚園】という講座を年に数回やっているが、投資を始める際に絶対に学んでおいた方がよい知識やマインドをそこでは教えている。もし、あなたが投資をこれから始めたいのならば、お金の情報弱者にならないよう、搾取される人間にならないよう、「投資家の幼稚園２０２３年版（２０２３年9月10日収録）」で学んでほしい。そこでは初心者にこそ知ってほしい投資のいろはを一から丁寧に教える。

初心者のための投資学校　講義動画発売中！
「投資家の幼稚園 2023」／未来生活研究所
https://miraia.co.jp/page-6034/

第4章

お金を増やす力を手に入れろ

投資をしないと馬鹿になる

あなたはここまでで、お金の性質を学び、お金を増やすための投資家マインドを学んだ。では、ここからは具体的な**【お金を増やす話】**をしよう。

お金を増やすには、何をすればいいか？　サラリーマンなら年収を増やすことを真っ先に考えるかもしれないが、給与は自分の意思で変えられるものでもない。会社に依存してしまうので、ここではお金を増やす選択肢としてはカウントしないでおこう。

そうなると、あとは二つの選択肢しかない。一つは、起業して事業所得を増やす。二つ目は、投資をして稼ぐことだ。

余談だが、お金持ちになるには三つのパターンしかない。

1　社長になること
2　投資家になること
3　人気者になること

１と２は理解できるだろう。しかし、３はどうだろうか？　気になる人は第５章で詳しく話すので、もう少し待ってほしい。その前に、ここでは１と２について教えよう。

社長になれば、会社のお金をコントロールできる。経費も使えるようになるので、今よりもお金を使う幅が広がってくる。報酬も多いので、富裕層の仲間入りをすることができる。

しかし、社長になるには大企業なら出世レースを勝ち抜くことが必要だし、年齢も60歳を超えてからが多いので、今すぐというのは現実的ではない。一方、個人で起業して社長になるのは簡単だが、経営を軌道に乗せるのは最低2〜3年はかかる。それに、起業した頃は信頼もないので、お金が入ってきにくい。

では、ある程度短期的に、お金を増やしたいなら、どうするべきか？

そう、「投資」に目を向けることだ。

そもそも、「投資とは何か？」と聞かれたとき、あなたならどう答えるだろうか。株やFXをイメージする人も少なくないだろう。それは行為としては正しい。しかし、投資という言葉を聞いたとき、一番最初に思い浮かべてほしいことが他にある。

それは、**投資は【未来を作るもの】**であるということだ。

言い換えれば、**【未来の果実を育む行為】**こそ投資だ。

２０１４年の年末に和訳され、国内の書店に並んだフランスの経済学者トマ・ピケティ著の『21世紀の資本』を読んだことがあるだろうか？　ベストセラーとなった本だ。その中に、「r＞g」という不等式がある。「r」は資本収益率を示し、「g」は経済成長率を示すのだが、着眼すべき点はそういった小難しいことではない。この不等式が示す本当に大切なことは、**資産運用によって得られる富は、労働によって得られる富よりも成長が早いということ。**

よって、**「投資をせずに労働ばかりしている人は、一生お金持ちにはなれないよ！」**とピケティは警鐘を鳴らしているのだ。**投資をする人はどんどんお金が増え、労働だけの人は相対的にどんどん貧乏になる。**簡単に言えばそういうことだ。

私は、このピケティの教えを、「投資をしないと搾取され続ける馬鹿になるよ！」と理解して、投資家育成講座の塾生にも何度も伝えてきた。

さあ、あなたは投資をどう具体的にしていくだろうか？　あなたのお金は無限ではなく、限られたものだ。そのお金の運用（投資）の仕方に全てがかかっていると言ってもいい。

未来の果実を育むため、どう投資戦略を組み立てていくか？

これが、お金持ちになれるか否かの重要な出発点となる。

投資家育成講座
講義内容例

- 投資家への道三つの約束
- 未来を見る目を養え
- 人のせいにするな
- 学んだら素直に実行
- 投資家は福利で稼ぐ
- 自身に投資してる？
- 情報と人脈がすべて
- 未来を作る知的ゲーム
- 富裕層のレベル
- ワーク＝頭のトレーニング
- 誰もがやっている投資とは？
- 中野博の個人投資実績
- 投資先お薦めベスト10
- 投資と中野博の成長戦略
- 中野博の投資チャレンジ例
- 超入門編
- 自己投資の考え方
- 株式投資未経験者の方へ
- 未来を見る目「時読み思考」
- ワーク＝あなたの「投資計画」
- 中野博のお薦め銘柄
- ゲスト講師

（海外不動産投資など）

お金の五つの使い方（投資、消費、浪費、投機、貯金）

投資の話に入る前に、「お金の使い方」について、今一度学んでおこう。お金の使い方には、五つのパターンがある。

【消費】＝食事、光熱費、家賃など、生活していく上で必要になるお金
【浪費】＝ブランド品を買ったり、好きな甘いものを買ったり、いわば無駄遣いにも似た贅沢
【貯金】＝お金を貯めること
【投機】＝運やタイミング任せでお金を投げる行為。簡単にいえば、ギャンブル。（宝くじも投機に入る）
【投資】＝未来の果実を育む投資。リターンが見込めるものに、お金を投じる

行為。

この中で、あなたに目を向けてもらいたいものが「投資」だ。

では、投資にお金をかける分、削らなければいけないのはどこだろうか?

きっと、投機や浪費だというだろう。投機はいうまでもない。やっている人は今すぐ辞めた方がいい。無駄金にすぎない。

しかし、浪費はどうだろうか?

浪費は人生における潤いになる。誰だって消費(生命機能)のためだけに仕事をしているわけではないはずだ。家族と旅行に行ったり、美味しいものを食べたり、好きな趣味に没頭する。そして、幸せを感じる。その手段として仕事をしているはずだ。

浪費を奪ってしまっては、人生を生きている価値はない。ただ大切なのは、バランスだ。お金の使い方のポートフォリオ（※）をしっかりと設計した上で、投資や浪費をしていくことが大切になる。

※ポートフォリオとは、投資における配分を決めるための構成表のこと

バランスが大事

可処分所得を増やせ

あなたは自分の年収に満足しているだろうか？

年収を自慢したがる人は意外と多い。特に男性は年収をステータスと思いがちなので、何かと年収で他人と比較する。でも、あなたがお金持ちになりたいなら、決して年収にこだわってはいけない。こだわるのは、可処分所得だ。つまり、**あなたが自由に使えるお金にこだわって欲しいということ。**

年収は高ければ高いほど、税金でもっていかれる。年収が８００万円と1千万円では、手取りは大して変わらない。むしろ、年金のシステムによっては手取りが減る人もいる。年収自慢は、見栄の張り合いにすぎない。

あなたは、**可処分所得をいかに増やすかを常に考えなくてはならない。**そのためにできることは、三つの方法しかない。

一つ目は「**無駄を徹底してなくす**」。無駄な固定費や生活費はないか？　今一度見直してみよう。携帯代や光熱費などだ。

二つ目は「**副収入を増やす**」ことだ。あなたがサラリーマンなら、サラリーだけで所得を増やそうとしてはいけない。他の収入の柱を持っておこう。副業が禁止されているとしたら、他の方法しかないが、ここでは投資からの収入をおすすめしておく。

三つ目は、「**投資**」だ。毎月、手取りの20％は投資に回してほしい。手取りが30万円あるとしたら、毎月６万円は投資に回そう。

年収はあくまでただの指標である。大事なのは、**自由に使える可処分所得**だ。

そこをいかに工夫して増やせるかが、お金持ちになる一歩でもある。

私も社員には「年収にこだわるな」と口を酸っぱくして言っている。その分、投資をやらせたり、福利厚生を手厚くしたりなど、いかに可処分所得を多くしてあげるかに重きを置いている。

今、あなたの可処分所得はいくらだろうか？

増やすために、何ができるだろうか？

冷静に考えてみてほしい。

初心者は株式投資でお金を増やせ

これからはじめて投資をはじめるなら、まずは「株式投資」だけに集中することをおすすめする。ＦＸや仮想通貨などは絶対にやってはいけない。なぜなら、**投資とは複利でコツコツと利益をためるモノ**だからだ。

ＦＸや仮想通貨は一夜で大化けすることもあるが、一夜で全てを失うこともある。そして、詐欺まがいの商品も多い。実際、私の知り合いで、仮想通貨で大儲けしたものの、その仮想通貨が違法なものであったため、儲けた財産を全て没収されてしまった人がいる。ＦＸや仮想通貨は、投資一本で生きているプロや、生活の大部分を投資に当てられる人だけがやるモノだ。

あなたには自分の生活や仕事もあるだろうし、投資はお金を稼ぐ手段のひとつのはず。あれもこれもと手を出してはいけない。投資は、ひとつの投資手段を深く知っていくことも大事だ。繰り返し株を買売していくと、お金が上下する感覚が身についてくる。意外と、この肌感覚も重要になってくる。

ここで株で利益を出す心得三か条をお教えしよう。

【利益を出すための心得三か条】

《1》上がれば下がり、下がれば上がると心得よ

《2》誰しも利益と損失を繰り返すと心得よ

《3》最安値・最高値を追いかけてはいけないと心得よ（株投資の極意）

大事なのは、一歩一歩と確実に進んでいくこと（長期で複利での利益を目指す）。**焦る小僧が損をし、夢ある奴が利益を持っていく**。これが投資の鉄則なので、絶対に覚えておいてほしい。ちなみに、絶対に失敗する残念な投資家の特徴も教えよう。次の条件に当てはまる人は、「稼ぐ投資家」になれない。

1　時事問題に無関心
2　世界の情勢に無関心
3　最先端テクノロジーに無関心
4　マスコミの話を鵜呑みにする
5　気が短く、目先の判断をし過ぎる

株は情報の見極め方が重要になる。フォロー・ザ・マネーでも言ったが、お金の流れを見ていくだけでも勝率が格段に上がるのが株だ。マスコミはスポンサーに有利な情報だけを流すので、あてにしてはいけない。自分で複合的に情報を集め、短期的でなく、長期的に株の動き方を見ていこう。

情報の集め方がわからなかったら、いつでも私の講座に来てほしい。具体的に教えてあげよう。

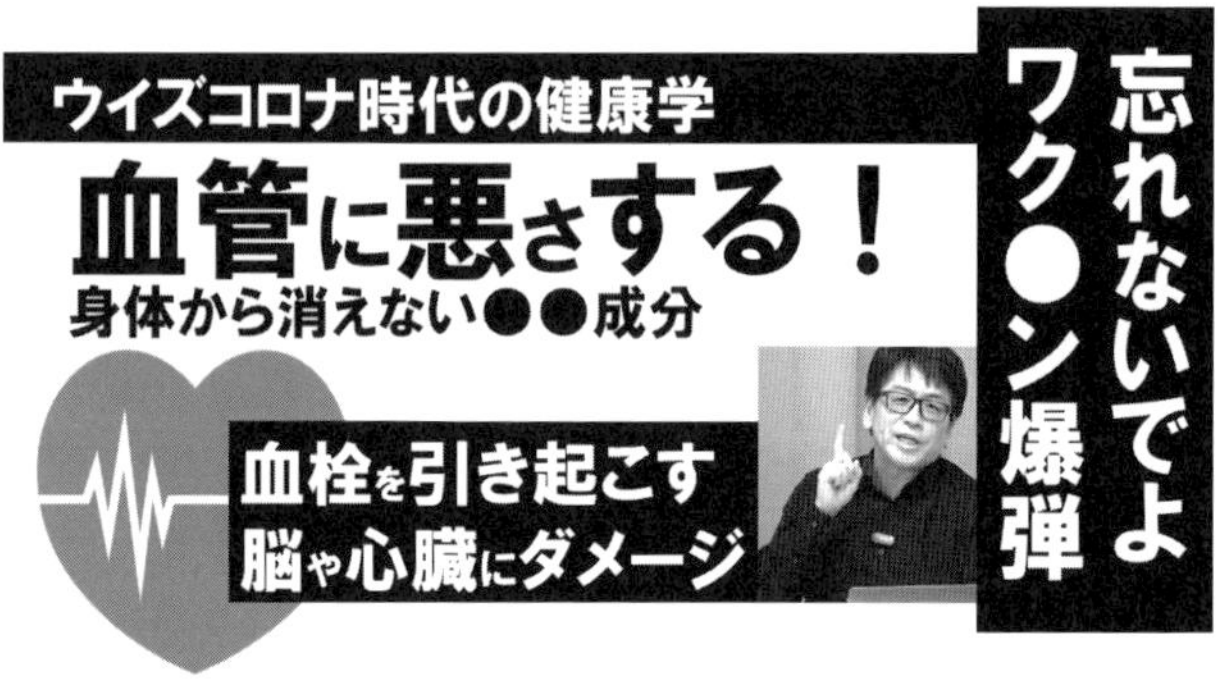
ウイズコロナ時代の健康学
血管に悪さする！
身体から消えない●●成分
血栓を引き起こす
脳や心臓にダメージ
忘れないでよ
ワク●ン爆弾

情報弱者は
命を落とす！
「突然の事故」を増やすコロナワクチン
資産があっても健康でなくちゃね
厳重注意！

分散投資としての不動産投資

もし、株式投資以外にも不安だからやっておきたいという人がいれば、おすすめは不動産投資だ。不動産投資と聞くと金額が大きく、失敗するイメージがあって躊躇する人も多いのだが、それは大きな間違いだ。実は、不動産投資はエリアさえしっかり見極めれば、安定して儲けられる投資の一つだ。

今おすすめは、**アメリカ・テキサスへの不動産投資だ。**あのTOYOTA北米も本社をテキサスに移動しており、今、全米で最もホットな地域だ。法人税がなく企業にとにかく優しい。将来は人口も経済規模も、テキサスの都市が1位～3位を占めると言われている。まさに、将来性しかない。

少し前までは未曾有の円安だったが、今は少し円高の傾向にもなってきた。チャンスだ。

また円安が来ても、海外不動産をドルで持っておくという選択肢は非常に良い。円で資産を持つだけでなく、ドルで持つ選択肢も視野に入れよう。

２０２４年の大統領選までは強いドルを維持しようとするはずなので、ドルの暴落はここ1～2年くらいはないと予測する。

投資の格言で、「**卵を一つのカゴに盛るな**（Don,t put all eggs in one basket)」というのがある。卵を一つのカゴに全部入れると、落としたら全てが割れてしまう。それを防ぐために、いくつかのカゴに盛れということだ。

投資も一緒で、一つの株式銘柄だけに投資していては、それが失敗したら大損する。円だけ持っておくと円の価値が落ちたときに失敗する。だから、分散していくつもの銘柄を買ったり、ドルでも資産を持てというメッセージだ。

もし、あなたがテキサス不動産に興味があったら、私の尊敬するアニキであるルークさんを紹介しよう。テキサスで不動産会社をやっているプロだ。私もお世話になっている。毎月、中野塾にアメリカから来てくれるもの凄い行動力の持ち主だ。

あなたも**中野塾**にくれば会えるので、ぜひ参加してみてはいかがだろうか？

中野塾

第31回目講義

金融混乱期の予兆

あなたは万全か？　資産の危機管理

講師・中野 博

資産防衛のための米国不動産投資

講師・ルーク倉石

銀行に預けるぐらいなら銀行の株を買え

ところで知っているだろうか？　**銀行に預けることは投資の一種である**ということを。この話をすると、９割の人間が「本当？」と驚く。**銀行や郵便局に預けることを「投資」と感じている人は少ないだろうが、立派な投資だ。**だって、銀行は完全に元本補償をしてくれないから。

たとえば、あなたが今預けている銀行が明日潰れたとしよう。銀行が潰れるのは突然の話なので、現実に起きることは０％じゃない。あの山一證券や、北海道拓殖銀行など、**平成時代には100行以上が倒産した。**まさか！という事態が起きることがあるのだ。そう、もしかしたら明日にでも。

その際、あなたの手元に返ってくる預金は最大1千万円だ。仮に一億預けていても1千万円だ。**銀行を信頼して預けておくのは、相当なリスクである。**アメリカでも２０２３年は大手銀行がバタバタと破綻している。日本にも２０２４年にこの波がくると、私は予想している。

こんなリスクがあるのに、日本の銀行というのは利息がものすごく低い。現在、メガバンク３行の定期預金の金利は０・００２％だ。定期で1千万円預けていても、一年後に返ってくる利息がわずか２００円（税引き後は１６０円）。正直、馬鹿げていると思わないだろうか？

あなたが1千万円以上持っていたら、銀行に預けるのは、本当にナンセンスなことなのだ。

では、どうすることが賢いのか？それは、**銀行の株を買うこと**だ。おすすめは、メガバンク（三菱と三井）。私は、この大手メガバンクの株を預金がわりに持っている。たとえば、同じ1千万円を預金ではなく、株に投資した場合、いくらの利益が一年後に、あなたの元に来るのだろうか？

ヤフーファイナンスなどで株価を調べられるので見てほしい。配当を計算すると、普通預金との利益の差は明確だ。

同じ投資なのにまるで違うお金がそこには発生する。今、この話を聞かなかったら、銀行株を買うなんて発想には至らなかった人も多いだろう。

私は、大切な塾生や友人知人には、この話をよくする。あなたは、今預けている銀行を信頼しているから、預金をしているはずだ（本当は投資）。だったら、同じ信頼を、その銀行の「株」に委ねてみてはいかがだろうか？

お金持ちは、この裏の仕組みを知っている。明日にでも、早速、銀行の株価を調べて、預金の一部でもいいので買っておこう（ちなみに私は、銀行はお金を送るための装置として考えているので、少ししか預金をしていない）。

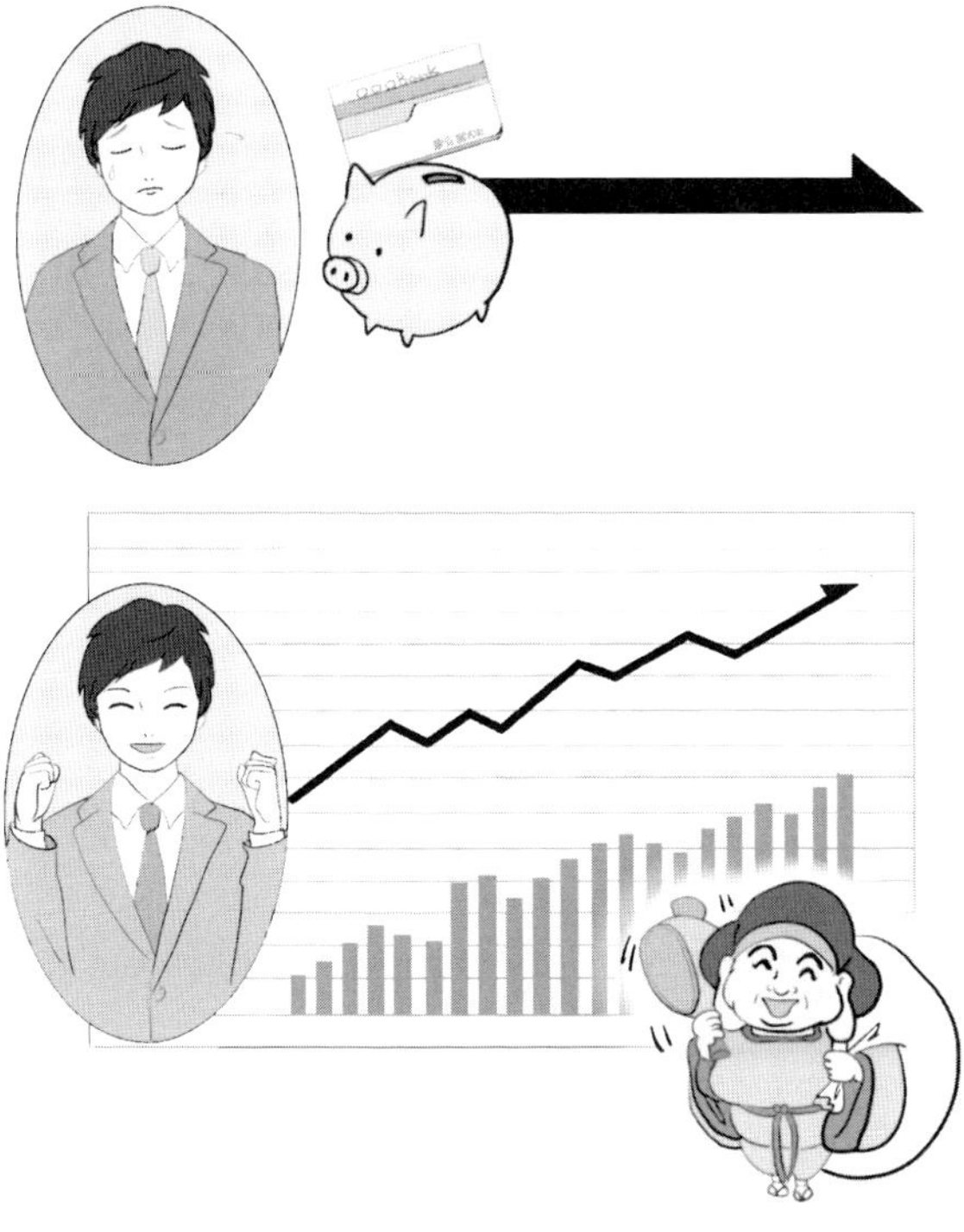

初心者のための投資学校
「投資家の幼稚園 2023」／未来生活研究所
https://miraia.co.jp/page-6034/

賢い投資家の三条件

これから投資をはじめるにあたって、絶対に知っておいてもらいたい賢い投資家になるための三条件がある。それは、次の三つだ。

〈賢い投資家としての素質三条件〉
●大量情報　インプット
●トリガー体験　大量行動、挑戦、失敗
●成功体験　次にどう活かしている？

まず「大量情報」から見ていこう。これは情報のインプットである。株を買う際には、一つの情報だけから判断していけない。ネット、本、雑誌、口コミ、たくさんの情報元があると思うが、考えられるのは全て目を通しておくことが大切だ。情報は複合的に見て、その情報が間違っていないか？　を判断することからはじまる。ひとつの情報源だけを信じると、それが間違っていたときに大損をする。

次に、「トリガー体験」だ。

これは、実際に株を購入することにあたる。

さらには、株を買うにあたって、その会社の顧客体験をすることもトリガー体験のひとつだ。**株価は情報で決まる。**もし、あなたの買おうとしている株を持つ会社が、顧客サービスが良くなかったらどうだろうか？　今はＳＮＳですぐになんでも広まる時代だ。風評被害でもなんでも、マイナスな情報ひとつで株価はすぐ下がる。だからこそ、株を買う前に自分で顧客体験をすることが大切だ。

私は株を買う前に、できることなら必ず商品やサービスを自分で体験してから買うようにしている。そうしないと本当の商品やサービスの価値はわからないからだ。自分が使ってみて、良さそうなら株を買う。こういう地道なこともお金持ちになるためには必要だ。

最後に「成功体験」だ。株を買って利益が出た場合、それをどう活かしているか？「おっ、株が上がった、ラッキー」で済ませていてはダメだ。大事なのは、「なぜ、上がったんだろう？」と分析すること。上がった原因がわかれば、関連株も同じ仕組みで上がるのでは？という予測がつく。その関連株を買えば、さらに儲けることも可能だ。

このように成功体験からも分析をして、次の利益の糧とする貪欲さと知的な頭脳が、投資で勝つためには必要だ。これは、株価が下がったときも一緒。なぜ、下がったのか？慌てふためくのではなく、冷静に分析しよう。

株は売らなければ、損も得もない。下がったときでも、売らないで持っておけば、いずれ上がるときがくる。下がりっぱなしはありえない。私はそれを知っているから、「**売らない師**」と呼ばれている。（洒落で。笑）

賢い投資家としての三条件をしっかりと身につけ、確実に利益を出していこう。

株で成功するための方程式

株で確実に利益を出していくためには、先ほど紹介した賢い投資家としての三条件の他に、守って欲しい方程式がある。それは次の方程式だ。

〈株式投資を成功させる方程式〉

知識＝読書や講座などでのインプット大量

×

経験＝自分の頭で考え、自分のお金でチャレンジ

×

改善（修正）＝各種の反省と改善案を作る

×

再挑戦＝何度もチャレンジ、分野を拡大せよ

知識と経験、そして改善は先ほどの三条件と重なる部分も多い。ここで大切なのは、最後の「再挑戦」だ。株を継続してやっていると、いずれマイナスを迎えるときがくる。どんなプロでもマイナスはあるので、ここでいちいち悔やんだり落ち込んでいけない。

「下がったらなら、他の株を買って調整しよう」という考えを持ってほしい。そうやって何度も何度もチャレンジすれば、株の動き方の法則も見えてくる。そして、分野も拡大していけば、株がどんどん面白くなってくるはずだ。株は同じ銘柄だけを買うのではなく、いくつも銘柄を買い、投資額を分散することを薦める。

私が教えたようにやれば、一年かからずとも、100万円が160万円ぐらいに化ける。投資家育成講座で、愚直に教えを守った生徒で100万円の投資を200万以上にした生徒を多数見てきた。彼らは、この方程式をきちんと守って投資をやってきた。だから、**あなたにもできるのだ。**もし、もっと詳しく教えて欲しければ、『投資家育成講座』（第五期は２０２３年10月から開講）にきてほしい。あなたを一流の投資家に育てよう。

会場受講できない方のために、ＺＯＯＭ参加だけでなく、あとからゆっくり学べる動画での受講方法もあるので、利用してほしい。

投資の神様バフェットを見習え

あなたは「投資の神様」と呼ばれる、ウォーレンバフェットを知っているだろうか？　名前だけは知っている人もいるだろう。バフェットは私の投資の大先生である。彼は本当に優れた投資家で、彼に勝る投資家はいないと断言できるほどだ。

彼は努力家で真面目だ。毎日500ページ以上の本を読んでいて、勉強を欠かさない。もし、あなたが投資すべき銘柄の方向性に悩んだら、バフェットを参考にするのもよい。私もやっている。

たとえば、バフェットはここ最近、ある企業の株を大幅に買い増した。それは、日本の五大商社だ。バフェットが率いる投資会社バークシャー・ハザウェイは、日本の五大商社の持ち株比率を大きく引き上げた。五大商社とは三菱商事、三井物産、住友商事、伊藤忠商事、丸紅のことを指す。合計の投資額はアメリカ国外の上場株式では最大規模になった。

なぜ、バフェットは五大商社の株を買い増したのか？　様々な憶測があるが、私の答えは、「ロシア・ウクライナの争いが長期化」するとバフェットは睨んだからだ。争いが起きると、儲けるのは商社だ。武器や食糧の輸出で大儲けできる。民主党のバイデンは強いドルを作るためにも、まだまだ争いを長期化させるだろう。フォロー・ザ・マネーでいうと、争いが続くとお金の流れは商社にも多く流れ着く。そこに目をつけたのだ。

バフェットが日本の商社の株を買ったとき（2020年8月）から、私は、いずれ買い増しをするということを予測していた。だから、日本の商社株をたくさん買っていた。おかげさまで株価は今でも伸びていて、儲けさせてもらっている。

もし、今あなたが買う銘柄に悩んでいたら、先ほど教えた大手メガバンク以外に、五大商社の株も買ってみてはいかがだろうか？　丸紅なんかは割と安く買える。

投資の神様なのだから、
見習わないと損でしかない。

投資詐欺に遭わないために

さて、ここまで本章では、株式投資を成功させる秘訣についてお話ししてきた。いずれも、私が実践している内容なので、ぜひあなたにも取り組んでほしい。

では、ここからは「**資産の防衛**」の話をしよう。これは、軽視されがちなのだが、ある意味、資産を増やすよりも重要な問題だ。コツコツ稼いだ資産が、一夜のうちに消えてしまう。そんな人を私はたくさん見てきた。最大で10億の資産が一瞬で消えた人もいた。

なぜ、築き上げた資産が、一夜でなくなってしまったのか？

それは、投資詐欺に遭ってしまったからだ。

これから投資を始めようとしている人でも、投資をためらう原因のひとつに、「詐欺に会わないか心配…」というのがある。気持ちはわかる。実は、投資の初心者の頃は、私も、多数の詐欺に引っかかった。最大、500万の詐欺にあったこともある。

でも、ちょっと待ってほしい。投資歴が40年になった今、ひとつだけ確実に言えることがある。それは、**投資詐欺に遭う人は、情報弱者な人間だけということだ。**

詐欺師がターゲットにする人間は、無知な人間だ。玄人《くろうと》を相手には絶対にしない。逆に訴えられてしまう可能性が高くなるからだ。無知な人間は格好の獲物で、ちょっと美味しい話や恐怖を煽るだけで、詐欺師の手口に引っかかる。

ただ、この無知というのがまた厄介で、投資というのは、ただ本やネットで勉強していても実践値は高まらない。机上の空論になりがちだ。いろんな投資を体験してみて、少し騙されたりもして、投資家として成長していくという一面もある。

でも、騙されるとしても、その被害額は少ないに越したことはない。
では、**どうしたら最小の被害で食い止められるのか？**
もっと言えば、被害に遭わないで投資スキルを磨けるのか？

それは、**詐欺師の門構えと手口をしっかり知ること**。そして、あなた自身のマインドにある変化を与えることに尽きる。

まず詐欺師の門構えだが、**詐欺師というのは短時間で信頼をどう与えるか？ということに注力する**。よって、服装は不自然なぐらいに小綺麗で、靴もピカピカ。身だしなみは完璧だ。そして、場所も巧みに狙って、選定してくる。たとえば、ある大企業のレンタルオフィスだったり、ホテルのラウンジだったり。まさかこんな場所を選ぶ詐欺師はいないよね？　と思わせることが狙いで、金融機関のオフィスを借りて騙しにくる人もいる。

そして、さらに大事なのはここから。もし、そんな不自然な身だしなみをした人があなたの前に現れて、「あなたにとって損はないよ」「メリットばかりだよ」と強調してきたら、もう98％詐欺なので、すぐに帰ろう。

第2章で前述したが、**美味しい話というのは、情報の川上にいる人間にしかほぼやってこない。**あとは、その甘い汁を吸う人間の肥やしになる獲物を狩るだけだ。言い方がものすごく悪いが、これが世の中の実態でもある。

一応、**詐欺師やよくやる手口のいくつかを教えておこう。**

このいずれかにあたったら、ほぼ詐欺なので気をつけてほしい。

●無名の業者から勧誘される
●「必ずもうかる」「元本保証」などと謳っている。
●ねずみ講のような運用になっている
●未公開株や私募債の取引を勧誘されている
●ある株の購入を勧誘された後、他業者からタイミングよく「その株はあがるから買い取りたい」と勧誘を受ける
●カフェなどによばれ資金がないと借金を勧められる
●SNSでメッセージが届き、数週間後に勧誘される
●金融庁や消費者庁など公的機関を連想させる名称を使っている
●利回りが8％以上、特に10％以上は警戒せよ

また、最近では、ＳＮＳを使った詐欺も多い。具体的には、「あのソニー、さらには野村証券が保証する投資案件」「あの有名芸能人が教える投資のテク

ニック」などといったもの。

ソニーや野村証券などの大企業がそもそも投資の保証なんてするはずがない。ページをよく見ると、ロゴや社名の一部が実際の企業とはわずかに異なっていることが多い。これからは注意してみてほしい。

芸能人でいえば、最近では、キングコングの西野さんをネタに使った詐欺があった。「西野さんが無料で講演会をする。申し込みはこちら」という広告があった。私も彼のファンだったが、「あれ?西野さんってこうゆうことするキャラだっけ?」と**疑心暗鬼でクリックすると、LINEに飛ばされ、担当者から「あなたは投資に興味がありますか?」といきなりメッセージが来た。**

「あ、詐欺だ」。一瞬でわかったが、この先進めていけばどうなるのか?というジャーナリストの気持ちが先走った。進めていくと、勝手に西野さんの名前を使って投資の案内に誘導していることがわかった。

西野さんの会社に問い合わせたら、同じような被害に遭っている人がたくさんいて困っていた。これは、Facebookやインスタなど、ＳＮＳで最近よくある詐欺に手口だ。あなたの元にやってくる可能性はかなり高い。絶対に騙されないように。

究極の詐欺　ポンジスキーム

ここで、昔からある詐欺の手口で、余りに引っかかる人が多く有効な手口から、詐欺師の間で究極の詐欺と呼ばれるものをお教えしよう。それが、ポンジスキームだ。ポンジスキームとは、アメリカで天才詐欺師といわれた、チャールズ・ポンジがその名の由来。

「出資を募り、運用益を配当金として支払う」と言って資金を集める。そして、実際の運用はせず、新しい出資者からの出資金を配当金として支払いながら、破綻することを前提にお金を騙し取る手法だ。「金銭貸借契約を取り交わすと元本が保証される」と言葉巧みに騙す（投資に元本保証は絶対ないので、この時点で詐欺だと気づかなければいけない）。

そして、年20％以上などと、高利回りを提示してカモを誘導する。ここでも、無知は搾取される。投資の世界では、年利20％などほぼない。あの投資の神様と呼ばれるバフェットでさえ、20％前後が限界だ。

素人がなぜバフェットと同じ数字を叩き出せるのか？　ほぼ不可能だ。運用実績の捏造データも手が込んでいるので知識人でも見分けがつかないものもあるが、ひとつだけ心に留めてほしい。

「**あなたの元には美味しすぎる話は絶対にやってこない**」ということ。

これは、私もずっと心に留めている。確かに、長い人間関係を築いている人間からは、川上の情報として、ごく稀に本当に上手い話をもらうことはある（銀座の一流店でこっそり聞くことも）。

しかし、初見の人間からは絶対にうますぎる話がくることはない。投資歴40年の経験から断言しよう。投資詐欺に遭わないためには、あなたのマインドを変える必要があると言ったが、まさに、これだ。「自分には美味しい話はこない」と肝に銘じておけば、騙されることは圧倒的に少なくなる。

投資家育成講座でも何度もしつこく塾生に言っている。でも、もう大丈夫だ。あなたはこの話を知ったから騙されることはない。これを知っただけでも、本書を読んだ価値があるというものだ。**投資は一撃で稼ぐものではない。コツコツと複利で稼ぐものだ。**

銀行マン証券マンの話は聞くな

さあ、最後は詐欺ではないのだが、資産防衛として大事なことを教えよう。それは、銀行マンや証券マンの話を鵜呑みしてはいけないということ。

「え？　金融マンはおすすめの商品をすすめてくれるからいいんじゃないの？　真っ当なプロじゃないの？」と思うだろう。

はい、彼らはおすすめの商品をすすめていることは間違いない。そして、プロである。しかし、実態は、「会社が利益を出す商品をすすめる、営業マンとしてのプロ」である。

あなたの利益を考えた、金融のプロではないのだ。彼はあくまでサラリーマンだという認識を持ってほしい。

私の社員に元銀行員がいる。当時は投資信託の営業もしていたようだ。彼が言うには、毎月、銀行側から売らなければならない商品が通達され、それを売ることが社員のノルマであり、営業成績になるのだという。ここで大事なポイントは、売る商品を銀行から指定されることだ。

銀行はなぜ、特定の商品を売るように社員に指定するのか？

簡単な話だ。**キックバックのマージンが大きいからだ（医療機関で使う薬の関係に似ている）**。今、その投資信託を売れば、銀行に入ってくるマージンが大きいのだろう。だから、お客さんに売るのだ。**決してお客さんのためを思って売っているのではない（病院のためであり、患者のためでないことも）**。

銀行マンでも良心がある人もいて、「本当にこの商品売ってもいいの？今はこれじゃないでしょ」と良心の呵責に悩む人もいるらしい。でも、売らなきゃ成績にならないから売る。悲しいサイクルだ。こうして、**銀行の利益のためにお客が不利益を被るという図式は、よくあることだ。**

あなたにも経験はないだろうか？　もっともらしい売り文句を言われて買ったのはいいが、一年もたたずに、大きな損を出してしまった！　なんてことが。

社員の話に戻るが、当時、彼はオーストラリアドルと円を組み合わせた商品（投資信託）を売っていたらしい。最初は少しお客は儲かったらしいが、見事にたった1、2年で下落したらしい。オーストラリアは安心安全と言いながら売っていたために、申し訳ない気持ちでいっぱいだったそうだ。

もし、あなたが今後、銀行マンや証券マンに営業されたら聞いてみてはいかがだろう？

「その商品、あなたじゃなくて、銀行がすすめているだけじゃないの？」

と。少しでも口が止まったら、十中八九そうなので、注意して決断してほしい。

第5章

お金を人生の豊かさに変えるために

この章では、**投資というものを「お金」だけで考えるのではなく、もっと豊かな人生にするために投資の概念を広げたことを話していく。**

目に見える財産を増やす以上に、人生の豊かさや幸せを追求するために重要なことが書かれている。必ず、最後まで読んでほしい。**ただのお金持ちではなく、「幸せ溢《あふ》れるお金持ち」に成長できるはずだ。**

豊かな人生を歩むお金持ち

自己投資を徹底せよ　信長は40億の自己投資で未来を作った

投資の中でも、私が一番に大切だと思っているものを教えよう。これこそが最大の引力を生むと言っても過言ではない。それは、**【自己投資】**だ。

こんな話を知っているだろうか？

織田信長は1575年、長篠の戦いにて武田軍を破った。
なぜ、武田軍を破ることができたのか？
そう、信長は鉄砲を西洋から大量に仕入れ、鉄砲隊を築きあげた。
そして、武田軍に勝利した。

当時、鉄砲一丁の値段はいくらだったか？　なんと、今の金額で一丁2千万円だ。信長は２００丁仕入れたので総額40億円の計算になる。**この投資があったからこそ、信長は武田軍を破った。惜しみなく自己投資をして、未来を変えて、時代を築いたのだ。革新的な投資とリターンである。**

つまり、**自己投資には、誰もが測りきれないぐらいの大きな可能性を秘めているということがわかる。**

あなたは自分に投資をどのぐらいしてきただろうか？

案外、人にお金はかけても、自分に投資しない人は多い。自分はいいからとケチるのだ。

会社もない、家もない、金もない。**もし、世界が焼け野原になったとしよう。**そのとき、金を稼ぐ手段として、あなたはどうするか？

少し考えてほしい。

ここで重要になるのは、**あなたには他者に提供できる資源として何を持っているかだ**。物質的な売るものは何もないとしたら、**何を売るか？**

それは、**あなたの持っている知恵や知識を売るしかない。**

でも、あなたが自己投資しないで、何もスキルや交換材料を持っていなかったら、焼け野原となった世界では、何も生むことはできない。これが、怖いのだ。

会社を辞めたとき、独立したとき、あなたの周りは焼け野原になるかもしれない。そこで、あなたには、あなた自身の売るものがあるだろうか？

私は投資歴40年のプロの投資家だ。**自己投資こそが最大のレバレッジがかかる**ことを知っているので、自分磨きに年間１千万円はかける。自分磨きとは外見だけの話ではなく、能力を高めることも一緒。本当に価値のあるセミナーだと思ったら、２００万でも３００万でも払って学ぶ。

なぜなら、費用は学んだ知恵を使えば数ヶ月で回収できてしまうから。また、**自己投資をしない人は、セルフイメージが低い傾向にある。**「自分なんて、どうせ…」という固定観念が自分の成長を妨げているのだ。私は、よくセミナーでそういう固定観念を捨てさせるために、ある言葉を投げかける。

それは、**「『まさか、私が』を捨て『まさに、私が』になれ」だ。「か」を「に」に変えるのだ。（「蟹（かに）の法則」と呼んでいる）**

こう考えれば、「自分は良質な学びさえあれば、なんでもできる」と思えないだろうか。もし、あなたが今、いまやりたいことが少しでもあるなら、思い切ってチャレンジしてみてほしい。「自己投資」として。

自己投資は自らの能力をレベルアップするだけではなく、新しい世界観を味合わせてくれたり、新しい人脈を作ってくれる。自己投資はまだ見ぬ素敵

な出会いを作ってくれる最高の投資なのだ。

健康への投資を怠るな

【健康への投資】をあなたは怠っていないだろうか。間違った健康法をして、逆に身体をこわしている人が多くいる。なぜ、間違った健康法をしてしまう人が多いのか？　それはマスコミが金儲けのためにスポンサーに媚びるからだ。**マスコミは間違った健康法を、いいものとして騙して伝えている**のだ。

たとえば、健康の代名詞とも言える、「食」。私の本でニューヨークの医師と共著の『病気を治す食事』という本がある。その冒頭での問いがこれだ。

「白米と玄米、どっちが体にいいか？」

おそらく、ほとんどの人は玄米と答えるだろう。しかし、実態は違う。本当は、

20万人を救ったニューヨークの医師が教える
『病気を治す食べ方』（現代書林）
共著／中野浩志（中野博）・カールソン・ジェイムズ
https://amzn.to/2Wxnq2I

白米なのだ。玄米至上主義者は、健康面において大きな危険を伴う。ここでは詳しくは言わないが、いつ身体を壊してもおかしくないと言っていい。

また、90％の日本人が陥りがちな糖質過多。これも危険だ。なぜ、多くの人が糖質過多になるのか？　これは、お金がないというのが一つの要因。炭水化物は低価格で手に入る。お金がないからパンや米で腹を満たそうという思考が危険なのだ。**糖質ばかり摂ると、頭が悪くなる。思考力が鈍る。**

もっと、「**健康に対する出費**」を増やそう。そうすれば、あなたの体と思考は優れたものとなり、投資の効果が現れる。そもそも健康じゃなければ、お金も稼ぐことはできないし、お金持ちになっても寝たきりになっては本末転倒だ。

健康になるためには、まずは、「情報」だ。人は、正しい情報を仕入れれば、

味覚が変わる。ファストフードばかり食べている人は、ファストフードの危険性を知れば、これまで美味しいと感じていたハンバーガーやポテトが急に美味しくなくなるはずだ。**「人は情報を食べている」**という言葉もあるが、本質はついている。

食や諸々の健康については、「健康大学」で詳しく教えている。テーマは健康に関すること全てだ。食や運動、睡眠、呼吸、美容。詳細は、QRコードを読み取って確認してほしい。

健康大学講義テーマ（一部）

●コロナワクチンを解毒せよ～突然死からわが身と家族を守るために
●花粉症はインチキだった！〇〇デトックスで花粉症バイバイ！
●日本を代表するスポーツトレーナーによる呼吸法と究極の体調管理
●食べ方と健康～健康は仕入れで決まる！病気にならない究極の食事法
●シェディング～あなたはワクチンの「毒」を吸い込んでいる！その予防と対策
●老化は病気～若返り徹底研究「老いを治す＝若返る」これぞ新常識
●お金持ちになる「脳」～脳を鍛えて、脳をだまして、幸せになる法

ウソ情報から身を守る！本当の健康情報を学ぶ
「健康大学」／未来生活研究所（定期講座）
https://miraia.co.jp/healthcollege22/

夢を描けば金はやってくる

2023年7月29日に出版された私の37冊目の本。『夢と金も引力』は読んでくれただろうか？　その中で、夢を抱けばお金持ちになれることを詳しく話している。まだ読んでいない人もいると思うので、ここで少し話しておこう。

「あなたには夢があるだろうか？」夢といえば、「でっかいマイホームを建てること」「ベンツに乗ること」などという答えが返ってくることも少なくない。

しかし、これは、夢でもなんでもない。ただの「願望」だ。夢と願望は違う。**願望はあなた個人が達成したいだけのもので、時間と労力をかければ、誰だって達成できる。**一方、**夢は「一人では達成できないもの」**だ。必ず、協力者

夢を描く人には金が集まる。『夢と金も引力』
中野博／著
https://www.amazon.co.jp/dp/491003708X

や賛同者がいてこそ夢は成り立つ。

そして、夢は大きければ大きいほど、その夢に乗りたいという人が現れる。どんどん輪が広がり夢は形になっていく。小さい願望など、「あ、そう、頑張ってね」で終わってしまうが、夢というのは個人単位でなく、社会全体を変えてしまうもの。だからこそ、夢を叶えた世界を見たいという人が協力してくれるのだ。一人の欲を満たすのは、夢ではない。夢は多くの人の願望まで叶えるものだ。

私は、これまで大きな夢を叶えてきた人をたくさん見てきた。彼らの共通点は、皆、協力者がいたこと。あなたは人が乗っかれるぐらいの大きな夢があるだろうか？　**大きな夢こそが、お金を引き寄せる引力になる。**

抽象的な夢でいい。抽象度が高い夢だと、周りがどんどん意見を言ってくれる。これが、夢の大きさになる。**元気な人、夢を与える人には光が集まる。**

夢がある人は光合成をして、どんどん大きな存在になる。

夢が先にあって、その先にお金がある。夢を語ると、欠けているピースが見えてくる。それが、人なのか？　お金なのか？　あなたの夢に足りないピースを見つけていこう。

お金持ちは自分の夢に投資して、他人の夢にも投資するのだ。

影響力を味方につけよ

あなたが「影響力」を身につければ、お金はどんどん勝手にやってくる。「この人が言うなら間違いない」「この人が言うなら信頼できる」あなたにも一人ぐらいそういった対象がいるのではないか？

影響力を身につければ、ビジネスの世界では本当に動きやすくなる。無駄な広告はいらない。他者との差別化もいらない。だって、お客さんはあなたを信頼しているのだから。勝手に買ってくれる。私の講座を受講してくれる人も、「中野博」のブランドに惹かれて受講してくれたのだと思う。お金持ちになりたいなら、影響力を持つようになることは必須なのだ。

その影響力を得るためにはどうしたらいいか？　私の答えはこれだ。

人気者になること

「人気＝影響力」なのだ。たとえば、人気者のユーチューバーが商品を紹介しただけで、その商品はバカ売れする。その影響力は計り知れないほどの力を持つ。

そして、人気者は愛されているから、いつも周りに人が集まる。人が集まれば、金が動く。人気ユーチューバーがスーパーチャット（投げ銭）をもらっているのを見たことがあるだろうか？　人気がなければ、なし得ない稼ぎ方だ。その人の存在自体にありがたみを感じ、お金を投げているのだから。

でも、この影響力には二つの注意点がある。

まず一つ目は、「影響力の範囲」を間違えてはいけないこと。影響力がある人というと、今ならメジャーリーガーの大谷選手やHIKAKINが思い浮かぶ人も多いだろう。でも彼らは特殊中の特殊。メディアが一生懸命になって、彼らに影響力をもたせようと努力しているから強い影響力があるのだ。

あなたが影響力を持ちたい場合は、登録者10万人前後のユーチューバーを参考にしよう。私も15万人なので参考にしてくれてもいい。彼らは創意工夫をして登録者を10万人まで増やし、影響力を身につけてきた。10万人前後のユーチューバーが得意なことは、影響力が及ぶ範囲を正確に理解できていることだ。その対象に向けて正しいコンテンツを届けることができる。

私の場合は、影響力は主に40代～60代の経営者（ビジネスマン）や投資家である。また、「政治やニュースの裏側を知りたい」といった知性派で賢者が多く、各界の一流の人たちにも影響力があるようだ。20代、30代にはまだまだ影響力と呼べるものはない。それをわかっているから、あえて50代前後をターゲットとした動画内容を作成している。

影響力とは全ての人間に対して持つことじゃない。**きちんと、影響力を与えられる範囲を自分で設定して、戦略的に作っていくものなのだ。**

さらに、もうひとつ重要なことがある。それは、「継続」だ。**影響力がある人は継続する力が他人の何倍もある。**私も毎日 YouTube で動画を最低三本は上げているが、これには理由がある。

「信用」を得るためだ。**信用残高を上げることで影響力をキープして、ビジネスの売上につなげている。**人はなぜ、動画の中の人に愛着を覚えるのか？それは、何度も見るからだ。人は**ザイアンスの法則**で、何度も見ている人に無意識に好意を持つ。好意を持つから信用する。あなたにも好きなアイドルや芸能人がいれば、その人のことを無条件で信用してないだろうか？これは、人間の特性なのだ。

あなたが正しい影響力を持ちたいなら、「**影響力の及ぶ範囲**」を適切に考えよう。そして、「**継続**」して**情報発信**をしよう。この二つさえできれば、1年頑張れば、必ずあなたには数百人のファンができる。3年継続して努力すれば、数万人も夢ではない。

幸せは人がもたらす

あなたにとっての幸せとはなんだろうか？

幸せの定義は人それぞれなので、一概にはこれと断定はできない。ただ、これは私の持論なのだが、「幸せとは他人がもたらすもの」だと思っている。

ほしいものを手に入れる。美味しいものを食べる。実現すれば、確かに幸せは感じるのだが、一人だとどこか虚しい。誰かと一緒だからこそ、幸せを感じるのではないか？　本書では、「あなたには成功者になってお金持ちになれ」と散々言ってきた。でもよく考えほしい。成功者は、なぜ成功者になれるのか？　お金持ちはなぜお金持ちになれるのか？　それは、他人がその人を認め、愛し、お金を運んできてくるからこそ、成功者・お金持ちになれるのではないか？

そう、**あなたが幸せと感じている今は、きっと誰か他人が運んできてくれたのだ。**美味しい食事も、あなたが欲しかった物も、作り手がいる。愛情込めて作ってくれたから、あなたに幸せを届けられている。

こういった考えをできる大人は意外に少ない。私は帝王学（リーダー学）を教えているが、この考え方を「縁起《えんぎ》」という。**今、あなたの食卓に「美味しい魚」があるとしよう。その魚には、一体どのぐらいの人と金が絡んでいるのか？**

一次産業の担い手がいて、物流をしてくれる人がいて、捌いてくれる人がいて、お店で売る人いて、家庭で焼いてくれる家族がいる。たくさんの人とお金が、一匹の魚に関わっている。それを、いただきますとありがたく食べる。投資家になってお金持ちになりたいなら、絶対に忘れないでほしい。この縁起という概念を。

フォロー・ザ・マネー。お金の流れを追え。第２章では暗いネタばかりを使って説明したが、この縁起だって立派なフォロー・ザ・マネーだ。お金の流れを知れば、人の苦労がわかる。

投資は愛情だ。どこにお金をかければ、人がもっと救われるか？　人がもっと楽になるか？　投資家になる前に（投資家になっている人も）今一度考えてほしい。それが、「**投資で人を救う**」ということになる。人を救えば、そこには金が生まれる。すると、あなたにも（配当という形で）お金が巡ってくるのだ。

お布施の精神を持とう

「旦那衆《だんなしゅう》」という言葉を聞いたことはあるだろうか？　これは、**お布施の精神で社会をよくしようとする有志のこと**だ。

お布施の精神は投資家にとってなくてはならない大事なもの。目先のお金を増やすことも大切なのだが、投資に慣れてきたら、あなたには長期目線でお布施の心も持ってほしい。**お布施の精神（心）とは、人を救済することに**直結する。

お金がなくて、理想の未来が作れない人は世の中にたくさんいる。中には、想像をはるかに超える面白い世界を作ることを夢見る人もいるのだ。私は、そういった人にお布施の心で投資をする。だから、借用書もない。利子も取らない。その代わり、成功したらＶＩＰ待遇してね！　と冗談混じりに言って、ポンと数千万出すことも少なくない。

あなたにはここまでやれとはもちろん言わないが、もし、あなたの周りで夢があるけどお金がなくて困っている人がいれば、お布施の心でお金を与えてみてはいかがだろうか。

もちろん見返りは求めてはいけない。しかし、**見返りのない愛情ほど、不思議と返ってくる**ものだ。お布施してもらった人には恩義を感じる。恩義に報いたいために懸命に頑張る。こういった効果もある。

私はこれまで、いくらお布施をしてきたか？　もう数えきれないが、「ああ、今日も旦那としていいことしたな！お天道様は見てるかな！」と自分の行いを誇らしく思う。

これが大事なのだ。自分の行いに自信を持つ、誇りを持つ。**お金は心が温かい人が好きだ。愛嬌があって、よく笑うやつが好きだ。**あなたも少額でも全然いいので、お布施をどんどんやっていこう。自分が今よりもっと好きになるはずだ。

自分を愛する投資家は、金にも愛される。

ちなみに、こうした旦那衆を本気で作ろうとしているのが、【投資家倶楽部】だ。投資家育成講座の卒業生しか入れない特別なクラス。興味があったら、まずは投資家育成講座5期にきてほしい。素敵な仲間たちがあなたを歓迎するだろう。

その前に少しだけ、投資家倶楽部の活動をお教えしよう。

投資家倶楽部は、私の講座の中で、最上級の情報の川上。ここで、一番はじめに大切な話をしている。本気で稼ぎたい！　世の中を面白くしたい！　と思うならば、投資家倶楽部で待っているからきてほしい。１００人の仲間と一緒に楽しくワクワクする世界を見てみないか？

中野博と夢を実現！

投資家倶楽部

投資家として夢は大きく大胆に！
「日本のメディチ家のような存在になる」
そんなコミュニティを目指しています

いつの時代も
変革期には
「投資家」あり！

投資家倶楽部のメンバーは
投資家育成講座の修了者です

クラファンに挑戦せよ

２０２３年7月14日~8月末にかけて、私はクラウドファンディング（以下、クラファンという）に挑戦した。結果は、２９２人で７２２万円の応援金が集まった。本当に感謝している。

「夢を描けば、金がやってくる」。まるで御伽話のような世界に思うかもしれないがこれは事実だ。現代では夢にお金が集まる仕組みが構築されている。一番分かりやすい例が「**クラファン**」だ。

個々人がそれぞれの夢を語り、その夢に賛同者が現れる。賛同者は夢の発信者にお金を贈るという形で支援をする。支援者が多くなればなるほど、夢の形は大きくなり、新しい世界が生まれる。

中野の場合は、「夢と金も引力」の本をより多くの人に広めて、お金持ちドリーマーを作りたいという夢があった。今回、その夢に賛同してくれた人が292人。

少し前まで、クラファンはそんなに浸透していなかった。けれども、近年になってようやく市民権を得てきたのか、若者から大人までクラファンに挑戦する人が増えた。クラファンで掲げる夢は、どんなに馬鹿げたことでもいい。むしろ、『普通では考えられないぐらい』が面白い。

私の友人の女性経営者は、クラファンで結婚資金を集めた。集まった金額、なんと1400万円。結婚資金を集めるクラファンとしては、最高記録を出した。リターン（支援へのお礼）もユニークなものが多く、支援者を大いに楽しませていた。

クラファンは夢を掲げた人への支援（人助け）ではあるが、一種のエンターテイメント性も持っている。いかに楽しい演出で、楽しい空間を作り上げるのか？　成否はそこにかかっていると言ってもいい。

あなたにも何か一つぐらい夢や願望があるはずだ。勇気を出して、クラファンに挑戦してみるのもよい経験になる。人に夢を言うのは照れくさいかもしれないが、夢は言葉にしないとはじまらない。一度でいい。あなたの夢を語ってみよう。その夢を一緒に見たいという賛同者が一人でも現れれば、夢は夢でなくなる。そう、現実となるのだ。

先日、クラファンの特別セミナーを開催した。はじめてクラファンをする人にとっては参考になる講座だ。もしよければチェックしてみてほしい。

おわりに
いつまでもお金に愛される人であれ

最後まで読んでくれてありがとう。
お金とは何かを深く学んでいただけただろうか？
お金持ちになるためのマインドは養われただろうか？

一度にたくさんのことは吸収できないだろうから、少しずつでいい、確実に一個ずつ押さえていってほしい。すると、気づいたときには、あなたは資産1億円以上のお金持ちになっているはずだ。

本書は、中野博、２０２３年の『お金シリーズ第３部作目』だ。
第１作目は７月29日販売の「夢と金も引力」。
第２作目は８月31日販売の「31日でお金持ちになれる魔法の習慣」。
そして、３部作目は「お金のトリセツ〜お金持ち大全〜」だ。

わずか、四ヶ月の間にお金にまつわる本を３冊連続で出版したのは、中野博の歴史でもはじめてのことだ（多分、こんな挑戦はどの著者もやっていない）。

なぜ、こんなにもお金にまつわる本を積極的に出版したのか？

それにはきちんとした理由がある。

時代は、２０２０年のコロナ騒動から確実に変わった。どんな大企業であれ、いつ倒産するかわからない。これが意味することは、今、どんなに裕福な家庭でさえ、一寸先は闇ということだ。

２０２４年はグレートリセットが起きるので、また予想もつかない事態や未曾有の金融危機も起きる。そして、人がどんどんいなくなる可能性もある。今まで通りに経済活動をしていては、いざというときに備えが効かないのだ。

もし、明日、あなたが職を失ったらどうする？
もし、明日、あなたの財産が一夜で消えたらどうする？

「そんなことは起きるはずがない」と思うだろう。しかし、現実として、２０２４年には10人に１人の割合で起きる可能性が高いと予想している。大リストラ時代と金融パニックだ。第２のコロナ騒動、ロシア・ウクライナの争いの日本への飛び火は、もう間近まできている。

そんなとき、あなたはどう自分の身を守るのか？
家族の安全と安心を守るのか？

お金を稼ぎ続けるのか？

それをきちんと考えて欲しくて、今回、三部作を連続で出した。本気で人に何かを伝えるときは、一度ではだめだ。何度も何度も言わなくてはいけないことを、私はYouTubeを通じて学んだ。だから、今回は誰もがやらないであろう、三部作連続でのお金の本を出版した。

『夢と金も引力』
『31日で金持ちになる魔法の習慣』
『お金のトリセツ　お金持ち大全』

この三部作を、今一度、一から見直してほしい。何度も読み返すことで、あなたのマインドは劇的に変わり、お金と真摯に向き合うようになるだろう。そして、人生を豊かにして、自分も他人も幸せになる最高のお金の使い方ができるようになるはずだ。

「いつまでも、お金に愛される人であれ」

私が投資家育成講座など、お金に関する講座で口癖のように言っている言葉だ。**お金に愛される人は、人を救っている人。**すなわち、人として最高の生き方をしている人だ。

この三部作をいつも身近において、お金の使い方や人助けの方法に悩んだら、そ〜っと開いてほしい。きっと、あなたを幸せに導く教えがそこにはあるはずだ。

一人でも多くの人が、お金に愛される人間になるよう願って、筆を置かせてもらう。また、「その時」がきたら、お金の本を出版しよう。

あなたが夢を叶え、愛に満ちた生活を送れることを心より願っている。

中野 博

感謝と御礼

このたびは、中野博のクラウドファンディング書籍【夢とお金も引力】を多くの方に広めて金持ちドリーマーを増やしたい！

に参加をいただき誠にありがとうございます。おかげさまで、たくさんの方々から熱いご声援と厚いご支援をいただきましたこと、御礼申し上げます。

中野から感謝を込めて、ご支援をいただいた方々のお名前をここに記し、永久に記録に留めます。

ありがとう！

中野　博

向山加代子様
田中ちゃん様
高橋佳津子様
齊藤知子様
林常志彦様
宮城恵子様
水野　肇様
白木　茂様
池野　弘様
林　将一様
増田輝彦様
田中紀子様
鹿野早苗様
峯尾真佐美様
青山弘志様
上木孝司様
宮崎竜一様
鈴木利弘様

光田徳憲様
水野　聡様
角本和仁様
チョウタロウ様
塚田　渉様
清水ひろ美様
阿部幸春様
久保薗大輔様
佐藤精悟様
Emiko Nakamura様
奥谷芳輝様
佐藤のりこ様
伊藤浩光様
佐々木友也様
森池明美様
はとりなおみ様
株式会社ウエヤマ 上山三義様
南方美紀様

※ここに掲載した方は書籍掲載の許諾をいただいた方のみ掲載しています。

干川広樹 様
井上　桂 様
池野堅太 様
清水敦子 様
森嶋昌子 様
渡邉明美 様
佐久間和子 様
緒方秀行 様
石井ゆか 様
杉山保子 様
Kanomi Kamiya 様
きたがきけいたろう 様
福留隆広 様
川上誉志子 様
會田敦子 様
石井秀明 様
東京カモガシラランド 様
大坂結唯 様
玉城智子 様
矢柄亮直 様
水口眞貴子 様
坂本正史 様
尾崎桂子 様
緒方日佐男 様
西みゆき 様
相田圭介 様
池上敦子 様
崎村雅憲 様
古川圭三 様
土居皇子 様
御代麻理子 様
矢田秀次 様
中沢けいこ 様
喜多一嗣 様
吉田千代子 様
YouTube 講演家 鴨頭嘉人 様

※ここに掲載した方は書籍掲載の許諾をいただいた方のみ掲載しています。

ありがとうございます
Danke schön
Thank you
Gracias
Merci
감사합니다
спасибо
Terima kasih
おーきに
Grazie
谢谢
ขอบคุณ ครับ
شُكْرًا

― 中野博の夢実践物語 ―

『日本のメディチ家になる！』夢を実現するために３つのプロジェクトを 1997 年より開始。

1. 環境社会革命 (実業編)
2. 知的情報革命 (メディア編)
3. 未来生活革命 (夢ある人を支援)

メディチ家になるための３つの革命を進めるべく、具体的には３つの講座にて教育事業を 2003 年から実践している。

1. 中野塾 (帝王学でリーダーづくり)
2. 投資家育成講座 (投資家仲間)
3. 健康大学 (元気で長生き)

メディチ家になるための投資先は、次の３分野

1. 科学技術分野
2. 芸術音楽分野
3. スポーツ分野

メディチ家の仲間になるには、純資産 1 億円以上あり、かつ中野博と未来の夢が共有できること。

または、投資家倶楽部のメンバーに限定。

●投資家育成講座５期
https://miraia.co.jp/tousika05/

●投資家倶楽部（投資家育成講座の卒業生限定）
https://miraia.co.jp/tousikaclub/

●中野塾
https://miraia.co.jp/nakanojuku02/

●未来の風　～フロンティア～
https://miraia.co.jp/wp/frontier/

【中野博プロフィール】

七福神（7月29日）愛知県生まれ
早稲田大学商学部卒業。
ノースウエスタン大学ケロッグ経営大学院ブランディングエグゼグティブコースを修める。
ハーバードビジネス経営大学院で経営学を学ぶ。

（株）デンソー（DENSO）にて社会人デビュー。その後、（株）フォーインにて自動車産業の調査研究員（株）住宅産業研究所にて調査研究員を務める。サラリーマン人生は7回転職で7年間

- ● 1992年、国連地球環境サミット（ブラジル）に公式参加し各国首脳に取材。環境ビジネスコンサル会社として1997年にエコライフ研究所設立。日本初の環境と経済を両立する事業構築提案を880社以上に行う。
- ● 2003年、未来予測學問『時読み®』と人間関係統計学『ナインコード®』を開発し、これらをベースとしての帝王學をリーダーたちに教えるとともに、企業の人材開発コンサルとして1,000社以上を指導。
- ● 2011年、帝王學を学ぶ「信和義塾大學校」を創設。国内45拠点に加え、アメリカ、カナダ、シンガポール、タイなど世界各地に教室を設け「時読み®学」「ナインコード®」などの帝王學を指導。
- ● 2021年、未来生活研究所を設立し「中野塾」を主宰しながら投資家倶楽部、時読み倶楽部、各種講座活動を開始。
- ●現在自らの経験を集大成した自己能力開発「引力の魔術」を提唱。次代を担う人材育成に邁進している。
- ●投資家として多くのアーティストを支援し続けてNFTアート美術館をネット上に構築（おそらく日本人としては最大のコレクターであり美術館運営者）

日本のメディチ家を作るために2022年「投資家倶楽部」を開校。ジャーナリストとして世界の人脈から得た最高峰の投資情報をもとに、120人の倶楽部生と共に投資家としての実践を行う。

チャンネル登録者15万人超え（2023年7月集計）のユーチューバー。ニュースの裏側やジャーナリストとして業界の闇を暴くネタを毎日アップ。ニコニコ生放送にも毎月出演。YouTubeで話せない業界の闇を追求中。

また、独自の情報発信プラットフォーム（未来の風〜フロンティア〜）も持ち、世界から仕入れた本当の情報を日々発信中。

39冊の著者（7冊が英語、中国語、台湾語、韓国語に翻訳されている)。「引力の魔術」(未来生活研究所)「こんなエコ商品が欲しい！」「エコブランディング」「グリーンオーシャン戦略」（東洋経済新報社）「あなたがきらめくエコ活」「家づくり教科書」「リフォームの教科書」（東京書籍）「強運を呼ぶナインコード占い」（ダイヤモンド社）「成功者はなぜ帝王學を学ぶのか？」「一流の人はなぜ、着物を着こなせるのか？」「人はなぜ、食べるのか？」「シックカー＠新車は化学物質で汚染されている」（現代書林）など39冊がある。

講演実績は4,500回超。メディア出演回数は1,820回を超える。

中野博のYouTubeチャネル【中野博の知的革命2027年】
https://www.youtube.com/channel/UC-6DVb3QQK2_2oso0RqgNWA

中野博のYouTubeチャネル【銀座MBA大学(ビジネスとお金と投資を学べ)】
https://www.youtube.com/channel/UC38aEgQZHOqG7N72uhZ-4tA

中野博のYouTubeチャネル【こども新党チャネル】
https://www.youtube.com/channel/UCyM8Vummzb6R445HtxHinYA

中野浩志のギリギリ崖っぷちトーク炸裂！【ニコニコ動画】
https://ch.nicovideo.jp/nakanohiroshi

中野博の【Instagram】
https://www.instagram.com/nakano_hiroshi59/

お金のトリセツ　お金持ち大全

2023年10月31日　初版発行

著者　中野博

発行者　中野博
発行　未来生活研究所
東京都中央区銀座3-4-1　大倉別館5階
電話（出版部）　048-783-5831

発売　株式会社三省堂書店／創英社
東京都千代田区神田神保町1-1
電話　03-3291-2295

印刷　デジプロ
東京都千代田区神田神保町2-2
電話　03-3511-3001

表紙デザイン　株式会社花崎堂企画・薗奈津子
イラスト　水見美和子
編集担当　新田茂樹　乳井遼

ISBN978-4-910037-11-0

未来生活研究所の本

『引力の魔術』

人の心を操る禁断の書
あなたの引力の5つの使い方教えます
著者　中野浩志（中野博）

本書では、夢や願望、理想の自分、憧れの自分、自分を成長させるチャンス、素敵なご縁、充実した毎日、お金・・・。そのすべてを自由自在に、そして好きな時に手に入れる引力の使い方を５つのトリガーとして紹介。この５つのトリガーを使いこなしたとき、あなたには、誰からも認められ、尊敬される強大な影響力が身についています。

あなたの引力を使いこなし、夢をかなえて、新しいステージにいきませんか？　本書は、引力の使いこなし方を詳細に書いた、これまでどこにもなかった禁断のバイブルです。

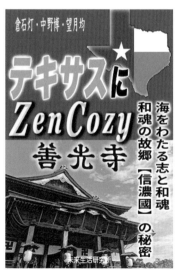

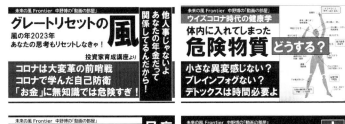

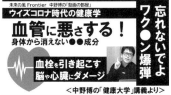